外国人研修・技能実習生支援マニュアル

国際業務必携！

佐野 誠　秋山 周二　著

日本加除出版株式会社

はじめに

　世界を取り巻くビジネスのグローバル化の波は日本の中小企業にも大きな変化をもたらしており，特に製造業では外国企業との価格競争や国内市場の飽和などのため，必然的に海外進出をせざるを得ない状況となっています。多くの場合，進出後には現地での低賃金労働力を用いた低コストでの生産により，価格競争に打ち勝つことが求められます。ところが，文化や習慣の異なる海外での生産は簡単ではなく，日本と同品質の製品ができるようになるまでには多くの苦労を伴います。現地社員の採用，異文化でのコミュニケーション，日本流の工程管理，そして，もっとも難しいとされるのが日本の技術移転です。この場合，日本人技術者が海外に出向き現地社員を訓練するか，現地社員を招いて日本の製造現場で訓練するかのどちらかとなりますが，訓練に適した環境や日本流の仕事のやり方を理解してもらうなど，総合的に考えると後者の方がメリットが多く，そこで利用されるのが外国人研修・技能実習制度です。

　この制度は1950年代に設立され，日本企業の海外進出に技術移転の点で大きく貢献しています。特に技能実習制度では自らも労働者として実際の生産ラインに入り業務に参加することにより，より短期間で実践的な技術移転が可能となり，多くの業種で利用されています。外国人研修・技能実習制度はこのように便利で必要性の高い制度ではありますが，その一方で海外からの単純労働者受入れのための隠れ蓑に利用されたり，技能実習生の処遇をめぐるトラブルなどの問題点も指摘されていました。そこで2009年入管法の改正により制度の見直しが行われて，新たな在留資格「技能実習」が新設されたことから，現在では厳格な制度へと変貌を遂げています。このような経緯のため制度の内容は入管法，労働法，派遣法などの多岐にわたり，その全てを正確に理解することが難しい一方，不正行為や法律違反については的確な処罰が定められています。つまり，厳格なコンプライアンスが求められるにも関わらず，そのルールを理解することが難しい状況となっています。

本書はこのような問題を解消するため，ACROSEEDグループの行政書士（入管業務）及び社会保険労務士（労務管理）の業務実績に基づいた法律知識と専門ノウハウを活用し，外国人の研修・技能実習生の受入れを目指す企業（企業単独型）及び中小企業協同組合等（団体監理型）の受入れ手続のマニュアルとして執筆させていただきました。第3章では従来からあった「研修」と新設された「技能実習」制度の主な相違点，第8章では制度が類似している「技能実習イ」の企業単独型と「技能実習ロ」の団体監理型技能実習の主な相違点についてまとめ，第4章から第6章では「研修」，「技能実習」の企業単独型と団体監理型をそれぞれ詳細に解説しました。さらに，技能実習生に適用される労働関係法令や社会保険の重要ポイントについても記述しています。

　終わりに，本書の出版に際しては，黒木忠正氏（元東京入国管理局長・元国際研修協力機構常勤理事）には，本書の入管法に関わる部分においてご助言を頂きました。ここに深く謝意を表します。また，日本加除出版株式会社編集第一部の野口健氏より，多くの編集上のアドバイスを頂きました。ご協力を頂いた多くの方に心よりお礼申し上げます。

　本書『外国人研修・技能実習生支援マニュアル』は，多くの専門家の協力のもとに出版されており，入管業務に携わる多くの方にお役に立てる書籍であると確信しております。

2013年4月

　　　　　ACROSEEDグループ代表　行政書士　佐　野　　誠

外国人研修・
技能実習生支援マニュアル

目次

第1章　外国人研修・技能実習制度の概要

 1　外国人研修・技能実習制度発足の経緯 ──────── 1
 2　研修・技能実習制度に関する入管法の改正 ──────── 1
 3　外国人研修・技能実習制度と関係機関 ──────── 2
  1　公益財団法人 国際研修協力機構（JITCO／ジツコ）──────── 2
  2　財団法人 海外産業人材育成協会（HIDA／ハイダ）──────── 3
  3　商工会議所 ──────── 3
  4　事業協同組合 ──────── 4

第2章　外国人研修・技能実習制度のニーズ

 1　国内事情（人口減少）──────── 7
 2　海外事業（グローバル経済による海外進出）──────── 8

第3章　研修と技能実習の主な相違点

 1　研修・技能実習と在留資格上の区分 ──────── 9
  1　研修・技能実習の在留資格 ──────── 9
  2　企業単独型と団体監理型 ──────── 9
  3　「研修」「技能実習」に係る機関等の名称 ──────── 10
 2　研修・技能実習の入管法関係法令等 ──────── 11
  1　入管法第7条による上陸審査の要件 ──────── 11
  2　在留資格「研修」「技能実習」の在留資格該当性 ──────── 12
  3　在留資格「研修」「技能実習」に係る入管法施行規則 ──────── 13

4　在留資格「研修」「技能実習」に係る上陸基準省令 ──── 16
　　　5　法務省令，指針等 ────────────────── 19
　3　在留資格上の実務研修の判断 ───────────── 20
　　　1　在留資格「研修」と企業内「研修」 ─────────── 20
　　　2　在留資格「研修」の"非実務研修" ─────────── 20
　4　労働関係法令の適用 ────────────────── 22
　　　1　労働契約の締結 ───────────────── 22
　　　2　労働関係法令の適用 ──────────────── 23
　　　3　労働保険・社会保険の適用 ───────────── 24
　　　4　研修手当と賃金 ───────────────── 25

第4章　在留資格「研修」に係る入管手続

第1　在留資格「研修」に係る「在留資格該当性」 ─────── 27
　1　「公私の機関」に係る在留資格該当性 ────────── 27
　　　1　受入れ機関の積極的な体制 ───────────── 27
　　　2　研修生の受入れ人数枠 ─────────────── 28
　　　3　受入れ機関の財務状況 ─────────────── 28
　　　4　民間企業による受入れ ─────────────── 29
　　　5　公的機関による受入れ ─────────────── 29
　2　「技能，技術若しくは知識」に係る在留資格該当性 ───── 30
　　　1　研修生が修得する「技能，技術若しくは知識」の種類 ── 30
第2　在留資格「研修」に係る「上陸基準適合性」 ─────── 31
　1　申請人（研修生）に係る上陸基準省令 ──────── 31
　　　1　年齢及び技能等の帰国後の活用（上陸基準省令第2号）── 31
　2　技能等に係る上陸基準省令 ───────────── 32
　　　1　技能等の種類（上陸基準省令第1号）────────── 32
　　　2　技能等の現地修得困難（上陸基準省令第3号）───── 32
　3　研修指導員に係る上陸基準省令 ─────────── 33

1　研修指導員（上陸基準省令第4号） ――――――― 33
4　実務研修要件・比率に係る上陸基準省令 ――――――― 34
　　1　実務研修が含まれている場合の要件（上陸基準省令第5号） ――――――― 35
　　2　実務研修の占める比率（上陸基準省令第9号） ――――――― 37
5　報告に係る上陸基準省令 ――――――― 38
　　1　不正行為に関する事実報告（上陸基準省令第5号の2） ――― 39
　　2　継続不可能時の対応（上陸基準省令第6号） ――――――― 39
6　帰国担保に係る上陸基準省令 ――――――― 40
　　1　帰国担保措置（上陸基準省令第7号） ――――――― 40
7　文書作成等に係る上陸基準省令 ――――――― 40
　　1　研修実施状況文書作成・備付け・保存（上陸基準省令第8号） ――――――― 41
8　営利・収益禁止に係る上陸基準省令 ――――――― 41
　　1　営利目的・収益を得ることの禁止（上陸基準省令第15号） ――――――― 41
9　不正行為・欠格事由に係る上陸基準省令 ――――――― 42
　　1　不正行為など欠格事由（不正行為の表／上陸基準省令第10～11号） ――――――― 44
　　2　不正行為など欠格事由（不正行為の表／上陸基準省令第12号） ――――――― 47
　　3　不正行為など欠格事由（法令違反／上陸基準省令第13号） ――― 47
　　4　不正行為など欠格事由（偽変造・虚偽文書，教唆・幇助／上陸基準省令第13号の2） ――――――― 48
　　5　不正行為など欠格事由（他の機関における不正行為／上陸基準省令第14号） ――――――― 48
　　6　不正行為など欠格事由（不正行為の表／上陸基準省令第16～17号） ――――――― 49

7　不正行為など欠格事由（法令違反／上陸基準省令第18号） ——— 50
8　不正行為など欠格事由（偽変造・虚偽文書，教唆・幇助／上陸基準省令第18号の2） ——— 50
9　不正行為など欠格事由（他の機関における不正行為／上陸基準省令第19号） ——— 51
10　送出し機関，その他経営者等の欠格事由（上陸基準省令第20号） ——— 51

第5章　在留資格「技能実習1号イ」に係る入管手続

第1　在留資格「技能実習1号イ」に係る「在留資格該当性」 ——— 53
1　「公私の機関」に係る在留資格該当性 ——— 53
1　実習実施機関の積極的な体制 ——— 53
2　受入れ機関の財務状況 ——— 54
2　「外国にある事業所」に係る在留資格該当性 ——— 54
1　「技能実習1号イ」（企業単独型）の送出し機関 ——— 54
2　企業内転勤と同範囲の「外国にある事業所」 ——— 55
3　国際取引実績等を基準とする外国機関省令 ——— 56
3　「外国にある事業所」に係る外国機関省令 ——— 56
1　外国機関省令第1号 ——— 56
2　外国機関省令第2号 ——— 57
4　「雇用契約」に係る在留資格該当性 ——— 58
1　技能実習，講習と雇用契約の関係 ——— 58
5　「技能，技術若しくは知識」に係る在留資格該当性 ——— 60
1　技能実習生が修得する「技能，技術若しくは知識」の種類 ——— 60

第2　在留資格「技能実習1号イ」に係る「上陸基準適合性」 ——— 60
1　申請人（技能実習生）に係る上陸基準省令 ——— 60
1　技能実習生の身分（上陸基準省令第1号） ——— 61

2　年齢及び修得した技能等の帰国後の活用（上陸基準省令第3号） ─────────────── 61
2　技能等に係る上陸基準省令 ─────────────── 62
　　1　技能等の種類（上陸基準省令第2号） ─────── 62
　　2　技能等の現地修得困難（上陸基準省令第4号） ─── 62
3　保証金・違約金徴収契約に係る上陸基準省令 ────── 63
　　1　保証金・違約金徴収契約の禁止（上陸基準省令第5号） ── 63
　　2　違約金等徴収の禁止（上陸基準省令第6号） ───── 64
4　講習に係る上陸基準省令 ────────────── 65
　　1　講習の実施（講習内容）（上陸基準省令第7号イ） ── 66
　　2　講習の実施（講習時間）（上陸基準省令第7号ロ） ── 67
　　3　講習の実施（講習時期）（上陸基準省令第7号ハ） ── 69
5　報酬に係る上陸基準省令 ────────────── 70
　　1　報酬の範囲（上陸基準省令第8号） ───────── 70
6　指導員に係る上陸基準省令 ───────────── 72
　　1　技能実習指導員（上陸基準省令第9号） ────── 72
　　2　生活指導員（上陸基準省令第10号） ──────── 72
7　受入れ人数に係る上陸基準省令 ─────────── 73
　　1　受入れ人数枠（上陸基準省令第11号） ─────── 74
　　2　受入れ人数枠（上陸基準省令第11号ただし書） ── 75
8　報告に係る上陸基準省令 ────────────── 76
　　1　不正行為に関する事実報告（上陸基準省令第11号の2） ── 76
　　2　継続不可能時の対応（上陸基準省令第12号） ──── 77
9　施設に係る上陸基準省令 ────────────── 78
　　1　講習実施施設の確保（上陸基準省令第13号） ──── 78
　　2　宿泊施設の確保（上陸基準省令第14号） ────── 78
10　労災保険に係る上陸基準省令 ──────────── 80
　　1　労災保険等による保障措置（上陸基準省令第15号） ── 80

11 帰国旅費の担保に係る上陸基準省令 ―――――――― 81
  1 帰国旅費担保措置（上陸基準省令第16号）――――――― 81
12 文書作成等に係る上陸基準省令 ――――――――――― 82
  1 実習実施状況文書作成・備付け・保存（上陸基準省令第17号）――――――――――――――――――――――― 82
13 不正行為・欠格事由に係る上陸基準省令 ――――――― 83
  1 不正行為など欠格事由（不正行為の表／上陸基準省令第18～19号）――――――――――――――――――――― 84
  2 不正行為など欠格事由（不正行為の表／上陸基準省令第20号）――――――――――――――――――――――― 88
  3 不正行為など欠格事由（法令違反／上陸基準省令第21号）――― 89
  4 不正行為など欠格事由（偽変造・虚偽文書，教唆・幇助／上陸基準省令第21号の2）―――――――――――― 89
  5 不正行為など欠格事由（他の機関における不正行為／上陸基準省令第22号）――――――――――――――――― 90
  6 送出し機関，その他経営者等の欠格事由（上陸基準省令第23号）――――――――――――――――――――― 91

第6章　在留資格「技能実習1号ロ」に係る入管手続

第1 在留資格「技能実習1号ロ」に係る「在留資格該当性」―― 93
1 「営利を目的としない団体」に係る在留資格該当性 ――― 93
  1 「技能実習1号ロ」（団体監理型）の監理団体 ――――― 93
2 監理団体の要件に係る団体要件省令 ――――――――― 94
  1 監理団体の要件（非営利団体／団体要件省令第1条第1号1～6）―――――――――――――――――――――― 94
  2 監理団体の要件（法務大臣告示／団体要件省令第1条第1号7）――――――――――――――――――――――― 95
3 公共団体の援助及び指導に係る団体要件省令 ――――― 96

1　公共団体の資金等の援助及び指導（団体要件省令第1条第2号） ─── 96
　4　報告に係る団体要件省令 ─── 97
　　　1　不正行為に関する事実報告（団体要件省令第1条第2号の2） ─── 97
　5　監理体制に係る団体要件省令 ─── 98
　　　1　定期監査（団体要件省令第1条第3号） ─── 98
　　　2　相談対応（団体要件省令第1条第4号） ─── 100
　　　3　訪問指導（団体要件省令第1条第8号） ─── 101
　6　代行受入れ機関の確保に係る団体要件省令 ─── 102
　　　1　継続不可能時の対応（団体要件省令第1条第5号） ─── 102
　7　監理費に係る団体要件省令 ─── 103
　　　1　監理費の明確化（団体要件省令第1条第6号） ─── 103
　8　技能実習計画に係る団体要件省令 ─── 104
　　　1　実習実施計画の策定（団体要件省令第1条第7号） ─── 104
　　　2　技能実習計画の到達レベルと評価方法 ─── 105
　9　「団体の責任及び監理」に係る在留資格該当性 ─── 106
　　　1　監理団体の"責任" ─── 106
　　　2　監理団体の"監理" ─── 106
　10　「公私の機関」に係る在留資格該当性 ─── 108
　　　1　実習実施機関の積極的な体制 ─── 108
　　　2　受入れ機関の財務状況 ─── 108
　11　「雇用契約」に係る在留資格該当性 ─── 108
　　　1　技能実習、講習と雇用契約の関係 ─── 108
　12　「技能，技術若しくは知識」に係る在留資格該当性 ─── 109
　　　1　技能実習生が修得する「技能，技術若しくは知識」のレベル ─── 109
第2　在留資格「技能実習1号ロ」に係る「上陸基準適合性」── 110

1	申請人（技能実習生）に係る上陸基準省令	110
	1 年齢及び技能等の帰国後の活用（上陸基準省令第2号）	110
	2 外国における業務経験（上陸基準省令第4号）	111
	3 外国の公的機関による推薦（上陸基準省令第5号）	111
2	技能等に係る上陸基準省令	112
	1 技能等の種類（上陸基準省令第1号）	112
	2 技能等の現地修得困難（上陸基準省令第3号）	112
3	保証金・違約金徴収に係る上陸基準省令	113
	1 保証金・違約金契約等の禁止（上陸基準省令第6号）	114
	2 違約金等契約の禁止（上陸基準省令第7号）	114
4	講習に係る上陸基準省令	115
	1 講習の実施（講習内容）（上陸基準省令第8号イ）	116
	2 講習の実施（講習時間）（上陸基準省令第8号ロ）	116
	3 講習の実施（講習時期）（上陸基準省令第8号ハ）	118
5	報酬に係る上陸基準省令	119
	1 報酬の範囲（上陸基準省令第21号）	119
6	指導員に係る上陸基準省令	119
	1 技能実習指導員（上陸基準省令第22号）	120
	2 生活指導員（上陸基準省令第23号）	120
7	受入れ人数に係る上陸基準省令	121
	1 「技能実習1号ロ」の受入れ人数枠（上陸基準省令第24〜29号）	123
	2 受入れ人数枠（職業訓練法人，公益社団法人・公益財団法人／上陸基準省令第24号）	125
	3 受入れ人数枠（商工会議所，中小企業団体，職業訓練法人／上陸基準省令第25号）	125
	4 受入れ人数枠（農業協同組合，公益社団法人・公益財団法人／上陸基準省令第26号）	125

5　受入れ人数枠（漁業協同組合（漁船漁業）／上陸基準省令第27号）————— 126

　　6　受入れ人数枠（漁業協同組合（漁船漁業以外）／上陸基準省令第28号）————— 127

　　7　受入れ人数枠（法務大臣告示／上陸基準省令第29号）————— 128

　8　報告に係る上陸基準省令 ————— 130

　　1　帰国報告・活動継続不可能事由発生報告（上陸基準省令第9号）————— 130

　　2　不正行為に関する事実報告（上陸基準省令第30号の2）————— 131

　　3　継続不可能時の対応（上陸基準省令第30号の3）————— 131

　9　施設に係る上陸基準省令 ————— 132

　　1　講習実施施設の確保（上陸基準省令第10号）————— 132

　　2　宿泊施設の確保（上陸基準省令第11号）————— 132

　10　労災保険に係る上陸基準省令 ————— 133

　　1　労災保険等による保障措置（上陸基準省令第12号）————— 133

　11　帰国担保に係る上陸基準省令 ————— 133

　　1　帰国担保措置（上陸基準省令第13号）————— 133

　12　文書作成等に係る上陸基準省令 ————— 134

　　1　講習実施状況文書作成・備付け・保存（上陸基準省令第14号）————— 134

　　2　実習実施状況文書作成・備付け・保存（上陸基準省令第30号）————— 135

　13　営利・収益禁止に係る上陸基準省令 ————— 135

　　1　あっせんに関する収益の禁止（上陸基準省令第15号）————— 135

　　2　営利目的・収益を得ることの禁止（上陸基準省令第35号）————— 136

　14　不正行為・欠格事由に係る上陸基準省令 ————— 137

　　1　不正行為など欠格事由（不正行為の表／上陸基準省令第

  16～17号) ——————————————————— 139
 2 不正行為など欠格事由（不正行為の表／上陸基準省令第18号) ——————————————————— 144
 3 不正行為など欠格事由（法令違反／上陸基準省令第19号) —— 144
 4 不正行為など欠格事由（偽変造・虚偽文書，教唆・幇助／上陸基準省令第19号の2) ——————————————— 145
 5 不正行為など欠格事由（他の機関における不正行為／上陸基準省令第20号) ——————————————————— 145
 6 不正行為など欠格事由（不正行為の表／上陸基準省令第31～32号) ——————————————————— 146
 7 不正行為など欠格事由（法令違反／上陸基準省令第33号) —— 146
 8 不正行為など欠格事由（偽変造・虚偽文書，教唆・幇助／上陸基準省令第33号の2) ——————————————— 147
 9 不正行為など欠格事由（他の機関における不正行為／上陸基準省令第34号) ——————————————————— 147
 10 不正行為など欠格事由（不正行為の表／上陸基準省令第36～37号) ——————————————————— 148
 11 不正行為など欠格事由（法令違反／上陸基準省令第38号) —— 148
 12 不正行為など欠格事由（偽変造・虚偽文書，教唆・幇助／上陸基準省令第38号の2) ——————————————— 148
 13 不正行為など欠格事由（他の機関における不法行為／上陸基準省令第39号) ——————————————————— 149
 14 送出し機関，その他経営者等の欠格事由（上陸基準省令第40号) ——————————————————— 149

第7章 「技能実習1号」から「技能実習2号」への在留資格変更

1 「技能実習2号」の在留資格該当性 ——————————— 151
 1 技能実習1号イ又はロの活動に従事した技能実習生 —— 151

2　技能等の習熟 ——————————————————— 151
2　厚生労働省告示"技能実習制度推進事業運営基本方針"——— 152
　　1　技能実習2号移行対象職種 ———————————— 152
　　2　「技能実習1号」における修得技能等の評価 ————— 155
　　3　「技能実習2号」における計画の評価 ——————— 155
3　変更基準省令の適合性 ———————————————— 157
　　1　一般的な在留資格の変更 ———————————— 157
　　2　技能実習の在留資格"変更基準適合性" ————— 157
4　申請人に係る変更基準省令 —————————————— 159
　　1　技能等の帰国後の活用（変更基準省令［企業単独型／団
　　　体監理型］第1号）——————————————— 159
　　2　技能検定等の合格（変更基準省令［企業単独型／団体監
　　　理型］第2号）———————————————— 159
5　技能等に係る変更基準省令 —————————————— 159
　　1　技能実習計画による更なる修得（変更基準省令［企業
　　　単独型／団体監理型］第3号）—————————— 160
　　2　同一の技能等（変更基準省令［企業単独型／団体監理型］
　　　第4号）——————————————————— 160
6　報酬に係る変更基準省令 ——————————————— 161
　　1　報酬額（変更規準省令［企業単独型／団体監理型］第5
　　　号）————————————————————— 161
7　指導員に係る変更基準省令 —————————————— 161
　　1　技能実習指導員（変更基準省令［企業単独型／団体監理
　　　型］第6号）————————————————— 162
　　2　生活指導員（変更基準省令［企業単独型／団体監理型］
　　　第7号）——————————————————— 162
8　報告等に係る変更基準省令 —————————————— 162
　　1　不正行為に関する事実報告（変更基準省令［企業単独

型］第7号の2／［団体監理型］第18号の2） ―――――― 163

 2　継続不可能時の対応（変更基準省令［企業単独型］第8号／［団体監理型］第18号の3） ―――――― 163

 3　帰国時及び継続不可能時の対応（変更基準省令［団体監理型］第9号） ―――――― 163

9　施設に係る変更基準省令 ―――――― 164

 1　宿泊施設の確保（変更基準省令［企業単独型］第9号／［団体監理型］第10号） ―――――― 164

10　労災保険に係る変更基準省令 ―――――― 164

 1　労災保険等による保障措置（変更基準省令［企業単独型］第10号／［団体監理型］第11号） ―――――― 164

11　文書作成等に係る変更基準省令 ―――――― 165

 1　実習実施状況文書作成・備付け・保存（変更基準省令［企業単独型］第12号／［団体監理型］第18号） ―――――― 165

12　不正行為・欠格事由に係る変更基準省令 ―――――― 166

 1　不正行為など欠格事由（不正行為の表／変更基準省令［企業単独型］第13～14号／［団体監理型］第14～15号，第19～20号，第24～25号） ―――――― 167

 2　不正行為など欠格事由（法令違反／変更基準省令［企業単独型］第15号／［団体監理型］第16号，第21号，第26号） ―――――― 167

 3　不正行為など欠格事由（偽変造・虚偽文書，教唆・幇助／変更基準省令［企業単独型］第15号の2／［団体監理型］第16号の2，第21号の2，第26号の2） ―――――― 168

 4　不正行為など欠格事由（他の機関における不正行為／変更基準省令［企業単独型］第16号／［団体監理型］第17号，第22号，第27号） ―――――― 168

13-1　技能実習期間に係る変更基準省令 ―――――― 169

 1　技能実習の活動可能期間（技能実習第1号／変更基準省

　　　　　　令〔企業単独型〕第17号イ／〔団体監理型〕第28号イ）——— 169
　　2　技能実習の活動可能期間（技能実習第2号／変更基準省
　　　　　　令〔企業単独型〕第17号ロ／〔団体監理型〕第28号ロ）——— 170
　　3　技能実習の活動可能期間（技能実習第2号／変更基準省
　　　　　　令〔企業単独型〕第17号ハ／〔団体監理型〕第28号ハ）——— 171
 13-2　技能実習期間に係る変更基準省令 ——— 172
　　1　在留期間の満了日前の変更許可 ——— 172
　　2　在留期間の満了日後の決定処分 ——— 173
　　3　在留期間の伸長と技能実習の最長期間（変更基準省令
　　〔企業単独型〕第17号ハ／〔団体監理型〕第28号ハ括弧書き）——— 174

第8章　企業単独型と団体監理型の主な相違 ——— 177

 1　企業単独型と団体監理型の不正行為の通知割合 ——— 177
 2　団体要件省令の主な要件 ——— 178
　　1　監理体制に係る要件 ——— 178
　　2　援助及び指導に係る要件 ——— 178
　　3　代替実習実施機関の確保に係る要件 ——— 179
　　4　監理費に係る要件 ——— 179
　　5　技能実習計画に係る要件 ——— 179
 3　企業単独型と団体監理型の上陸基準省令上の相違 ——— 180
　　1　申請人に係る相違 ——— 180
　　2　講習に係る相違 ——— 181
　　3　受入れ人数に係る相違 ——— 184
　　4　営利・収益禁止に係る相違 ——— 185
　　5　不正行為・欠格事由に係る相違 ——— 186

第9章　職業紹介事業 ——— 187

 1　職業紹介事業と団体監理型 ——— 187

1	職業紹介となる技能実習制度	187
2	職業紹介の種類	187
3	職業紹介責任者	189
4	本邦外から受け入れる技能実習生に係る職業紹介	190

2 職業紹介事業の手続 —— 190

1 "特別の法人"の種類 —— 190
2 特別の法人の"届出"に係る要件 —— 191

第10章 技能実習事業に係る管理費等 —— 193

1 監理費等に関する指針,ガイドライン —— 193

1 指針とガイドライン —— 193
2 監理費等の取扱いの原則 —— 193

2 「技能実習生の入国・在留管理に関する指針」 —— 194

1 監理費の適正な取扱い（団体要件省令第1条第6号） —— 194
2 監理費の適正な取扱い（上陸基準省令「技能実習1号ロ」第15号参照） —— 195

3 「外国人技能実習制度における講習手当,賃金及び監理費等に関するガイドライン」 —— 196

1 ガイドラインの監理費等 —— 196
2 監理費等（受入れ監理費） —— 197
3 監理費等（送出し管理費） —— 198
4 監理費等（送出しに要する諸経費） —— 199

参考文献及び資料

- 入国在留審査要領（法務省入国管理局）
- 技能実習生の入国・在留管理に関する指針（法務省入国管理局）
- 技能実習制度推進事業運営基本方針（厚生労働省 厚生労働大臣告示）
- 外国人技能実習制度における講習手当，賃金及監理費等に関するガイドライン（JITCO）
- 外国人技能実習生労務管理ハンドブック（JITCO）
- 外国人技能実習生と労働・社会保険Q&A（JITCO）
- 外国人技能実習制度概説（JITCO）
- 外国人技能実習生・研修生の入国・在留手続Q&A（JITCO）
- 送出し機関の送出しマニュアル（JITCO）
- 出入国管理（白書）（法務省入国管理局）
- 外国人技能実習制度に係る職業紹介について（厚生労働省 都道府県労働局）
- 職業紹介事業の業務運営要領（厚生労働省）
- 望ましい建設業附属寄宿舎に関するガイドライン（厚生労働省 都道府県労働局）

外国人研修・技能実習制度の概要

1 外国人研修・技能実習制度発足の経緯

　1950年代から高度経済成長期を迎えた我が国は，多くの日本企業が海外に進出して事業を展開した結果，海外に日本企業との合弁会社や現地法人が設立され，業務を円滑に行うために現地の外国人従業員に対する研修をどのように実施するのかが大きな課題であった。中でも製造業界からこれらの研修を日本国内で効率的に行いたいとする要望が強く，そうした時代の要請から，現地法人や合弁会社の外国人従業員を日本に受け入れ，関連技術や知識，技能を自社内で研修するという"外国人研修制度"が高度経済成長期の1960年代に発足された。

　発足当時は，企業が単独で外国人労働者を受け入れる「企業単独型」の研修制度であったが，日本が技術等の移転を通じて開発途上国の人材育成に貢献することを目指して1990年（平成2年）に制度を改正し，より幅広く外国人研修生を受け入れるために中小企業が中小企業団体等を通じて外国人研修生を受け入れる「団体監理型」が制度化された。「団体監理型」研修・技能実習により汎用性の高い技術等が移転されやすくなり，同時に日本の中小企業にとっても海外との接点が生まれ事業の活性化等に役立つようになった。

2 研修・技能実習制度に関する入管法の改正

　外国人研修生又は技能実習生を受け入れている機関の一部には，研修・技能実習制度本来の目的を十分に理解せず，実質的に低賃金労働者として受け

入れる傾向もあり、内外から批判もある中で早急な対応が求められていた。2009年（平成21年）7月、こうした問題にも対応するために出入国管理及び難民認定法（以下、「入管法」という。）が大幅に改正され、2010年（平成22年）7月1日から施行されている。

新しい研修・技能実習制度では、在留資格「技能実習」が創設され、研修生・技能実習生の法的保護及びその法的地位の安定化を図るための措置が講じられている。

3 外国人研修・技能実習制度と関係機関

主に開発途上国の人材育成を通じて国際貢献を行う外国人研修・技能実習制度の支援機関には、その制度の特殊性から公益性を有する国際研修協力機構（JITCO）や、海外産業人材育成協会（HIDA）の財団法人がある。また、地域の商工業振興のための地域総合経済団体である商工会議所、相互扶助の精神に基づく事業協同組合による受入れなど、営利を目的としない団体機関が多く関わっている。これらの関係団体は、それぞれ異なった目的を有し設立されているが、外国人研修・技能実習制度を通じて諸外国との友好関係の増進に寄与している。

❶ 公益財団法人 国際研修協力機構（JITCO/ジツコ）

JITCOは法務、外務、厚生労働、経済産業、国土交通の5省共管により1991年（平成3年）に設立された財団法人であり、外国人研修・技能実習制度の適正かつ円滑な推進に寄与することを目的とする財団法人である。

主に以下に挙げる活動を使命としており、その事業活動の公益性から内閣総理大臣より「公益財団法人」として認定を受け、2012年（平成24年）4月に公益財団法人に移行している。

1　研修生・技能実習生の受入れを行おうとする、あるいは、行っている民間団体・企業等や諸外国の送出し機関・派遣企業に対し、総合的な支

援・援助や適正実施の助言・指導を行うこと
2 　研修生・技能実習生の悩みや相談に応えるとともに，入管法令・労働法令等の法的権利の確保のため助言・援助を行うこと
3 　制度本来の目的である研修・技能実習の成果が上がり，国際的な人材育成が図られるよう監理団体・実習実施機関，研修生・技能実習生，送出し機関等を支援すること

❷ 財団法人 海外産業人材育成協会（HIDA/ハイダ）

　HIDAは，財団法人海外技術者研修協会（AOTS）と財団法人海外貿易開発協会（JODC）が合併して誕生した財団法人であり，産業国際化の推進，貿易の振興，投資活動の促進及び国際経済協力に関する事業を行うことにより，日本国と海外諸国の相互の経済発展及び友好関係の増進に寄与することを事業目的としている。

　主な事業活動として以下を挙げている。
1 　国内外の産業及び人材の育成に必要な研修生等の受入れ及び研修
2 　国内外の産業及び人材の育成に必要な専門家等の派遣
3 　国内外の産業及び人材の育成に関する調査等
4 　国内外の人材の育成に必要な施設の管理及び運営
5 　開発途上地域における産業の育成に資する我が国中小企業の海外投資の円滑化を図るために必要な資金貸付及びこれに関連する調査

❸ 商工会議所

　商工会議所は，1953年（昭和28年）の「商工会議所法」に基づき設立される非営利の法人組織であり，国民経済の健全な発展を図り，かつ，国際経済の進展に寄与することを目的としている。2010年（平成22年）11月現在，これらの目的を達成するため，全国で514の商工会議所が次のような特殊性を有してそれぞれの地域で活動している。
1 　地域性……地域を基盤としている

2　総合性……会員はあらゆる業種・業態の商工業者から構成される
3　公共性……公益法人として組織や活動などの面で強い公共性を持っている
4　国際性……世界各国に商工会議所が組織されている

　各地の商工会議所全てを会員とする中央機関として，東京に日本商工会議所が設けられている。同会議所は全国の商工会議所を総合調整し，その意見を代表し，国内・国外の経済団体と提携することにより，商工会議所の健全な発達を図り，商工業の振興を目的としている。

4 事業協同組合

　事業協同組合は，中小企業者が互いに協力し，助け合う相互扶助の精神に基づいて協同で事業を行い，経営の近代化・合理化と経済的地位の向上・改善を図るための団体である。事業協同組合は，組合員の事業を支援・助成するためのものならば，ほとんど全ての分野の事業が実施できる。

　我が国の企業形態は，大きく分けて公企業と私企業に分けることができるが，私企業のうちの法人企業には営利法人としての会社があり，"協同組合"は会社と公益法人の中間に位置づけられる。

　"協同組合"と会社の代表的な"株式会社"はともに法人であるが，理念・性格の相違から主に以下のように異なる。

図表1－1：株式会社と協同組合の主な相違点

	株式会社	協同組合
法　　　人	営利法人	中間法人
理念・目的	利潤追求 （利潤をあげて株主に利益配当）	相互扶助 （協同して共同事業を行い組合員に事業効果付与）
論　　理	経済合理性	経済合理性及び人間尊重
組　　織	資　本	組合員（人）

出　　資	制限なし	総額の4分の1以下（組合員1人あたり）
利益・剰余金	配当は無制限	剰余金を配当する場合は事業利用分量配当を基準
事　　業	−	共同事業による事業補完

　"協同組合"は中小企業者がお互いに助け合いの精神，いわゆる"相互扶助"の精神に基づき4人以上が集まり，共同で主に共同経済事業を行うことにより，組合員の事業上の諸問題の解決と経営の近代化・安定合理化，さらに経済的地位の改善向上を図ろうとする組織である。

第2章 外国人研修・技能実習制度のニーズ

1 国内事情（人口減少）

　2005年（平成17年）から人口減少に転じている日本は，本格的な人口減少社会が到来している。労働力人口（満15歳以上の人口のうち，就業者と完全失業者の合計）についてもピークの1998年（平成10年）には6,800万人まで増加したが，その後は減少局面に入り，2009年（平成21年）は約6,600万人と減少し，2030年においては約1,070万人減少することが見込まれている。

　一方で，日本が安定的・持続的な経済成長を達成していくためには，国際競争力や労働生産性の向上などとともに，必要とされる人材を確保することが何よりも重要である。当然ながら，日本の若者，女性，高齢者などを含む全ての人が意欲と能力に応じて働くことができるよう環境整備や就業支援を行うべきであるが，こうした対策が功を奏したとしても，労働力人口の減少による労働力不足に直面することは避けられない状況にある。

　日本では1990年（平成2年）に外国人研修制度が開始され，開発途上国における人材育成・技能移転の観点から外国人研修生・技能実習生の受入れが行われており，これまで相応の役割を果たしてきたものの，当初の受入れ目的と実態との乖離が一部に見られるようになっている。例えば受入れ側は不足する人材の確保のためあるいは安い労働力として研修生・技能実習生を受け入れようとし，一方，来日する研修生・技能実習生側にも単に収入を得るために来日しているものがいることも否めない状況にある。

2 海外事業（グローバル経済による海外進出）

　世界経済は20世紀後半から貿易・投資の自由化や交通・通信手段の発展により，各国・地域を分断していた国境の垣根が低くなり，「モノ・カネ・ヒト」の国境を越えた移動が活発化し，21世紀以降，各国・地域の市場が全世界的に一体化する，いわゆる「グローバル化（全球一体化）」現象が見られるようになっている。グローバル化の中で急速な工業化により高成長を遂げる国が次々と現れ，特に中国やインド等を中心に，高い経済成長を遂げている"新興国"の世界経済におけるプレゼンス（存在感）が急速に拡大している。

　一方，日本経済は経済停滞や財政悪化などに加え，2011年（平成23年）3月11日の東日本大震災による被害が加わり，まさに複合的危機ともいえる状況である。しかしながら，こうした間も世界経済の動きはとどまることはない。日本の国内市場は縮小傾向にある中，大手企業では輸出から海外生産までの大規模な海外展開が進んでいるが，中小企業においても海外進出を検討していかなければならない時代である。中小企業は団体監理型の技能実習制度により技能実習生を受け入れ，現地の人材を育成し技術レベルの向上を図り，将来の海外進出の足掛かりとすることを検討する必要がある。

第3章 研修と技能実習の主な相違点

1 研修・技能実習と在留資格上の区分

❶ 研修・技能実習の在留資格

　一般的に研修及び技能実習とは、職業上必要な知識や技能を高めるために一定期間教育することをいい、講義形式や実務研修を伴う実習形式など、その方法は多種多様である。入管法上もこれらに対応するべく在留資格として、研修や実習の内容の違いから在留資格「研修」、「技能実習」の2つに区分し、原則として講義形式のみを在留資格「研修」とし、実務研修を伴う実習形式を在留資格「技能実習」としている。

　さらに、技能実習の段階を"修得"と"習熟"に区分している。技能実習の"修得"段階を在留資格「技能実習1号」とし、"習熟"段階は在留資格「技能実習2号」としている。「研修」の在留資格は原則として実務研修を伴う実習形式はとらないため、"習熟"段階は設定されていない。

図表3-1：研修・実習段階の在留資格上の区分

在留資格	研修・実習の形式	修得段階	習熟段階
研　修	講義形式のみ（原則）	研　修	―
技能実習	講義形式＋実習形式	技能実習1号	技能実習2号

❷ 企業単独型と団体監理型

　「技能実習」の在留資格は、研修・技能実習の実施機関や監理方法の違い

から，企業単独型と団体監理型に区分している。企業単独型は本邦の公私の機関の外国にある事業所又は事業上の関係を有する事業所の職員などの在留資格「技能実習イ」をいい，団体監理型は営利を目的としない団体の責任及び監理下による「技能実習ロ」である。

これら「研修」，「技能実習1号イ・ロ」及び「技能実習2号イ・ロ」の在留資格をまとめると，次の図表のようになる。

図表3－2：在留資格「研修」，「技能実習1号イ・ロ」及び「技能実習2号イ・ロ」の区分

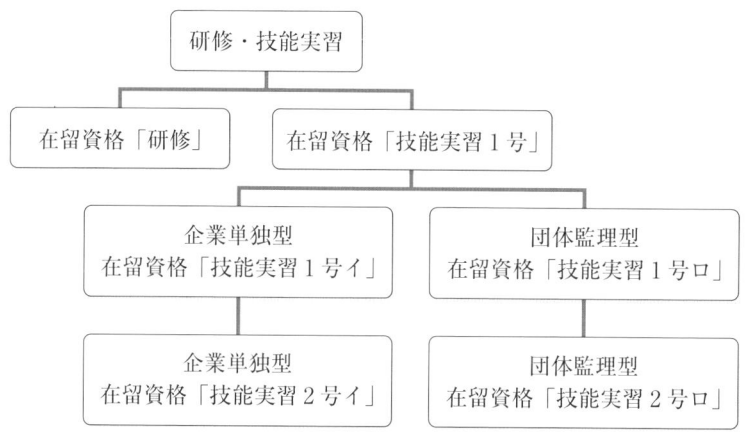

３ 「研修」「技能実習」に係る機関等の名称

在留資格「研修」及び「技能実習」では，研修を実施する"受入れ機関"や技能実習を実施する"実習実施機関"，研修生や技能実習生を派遣する"送出し機関"など，様々な機関が関与している。

研修・技能実習制度において，これらに係る機関等の名称の意味や役割等をまとめると次のようになる。

図表3-3:「研修」「技能実習」に係る機関等の名称 一覧

	研 修	技能実習（企業単独型）	技能実習（団体監理型）
申 請 人	研修生として入国しようとする者	技能実習生として入国しようとする者	
受入れ機関	研修を実施する企業等	海外に進出等した企業等（技能実習機関と同じ）	－
監理団体	－	－	技能実習生受入れ・あっせん団体
技能実習実施機関	－	雇用契約に基づき技能等を修得させる企業等（技能実習生の勤務先）	
あっせん機関	受入れ機関以外のあっせん機関（※1）	－	監理団体以外のあっせん機関（※2）
送出し機関	研修生の所属機関等（※3）	技能実習生の所属機関等（※3）	技能実習生を派遣する機関

※1 研修生に係るあっせんは，本来，受入れ機関が行うが，受入れ機関の倒産時に受入れ機関以外の機関が他の受入れ機関をあっせんする場合などが想定されている。

※2 技能実習生に係るあっせんは，本来，監理団体が行うが，実習実施機関の倒産時に監理団体以外の機関が他の実習実施機関をあっせんする場合などが想定されている。

※3 基本として研修生・技能実習生の所属機関であるが，本邦において行われる研修・技能実習の活動の準備に関与する外国の機関を含む。

2 研修・技能実習の入管法関係法令等

❶ 入管法第7条による上陸審査の要件

　日本に上陸しようとする外国人は，空港等において入国審査官の上陸審査を受けなければならないが，上陸審査は，我が国及び国民の利益を保持するために必要不可欠なものである。

　外国人が日本に上陸するためには，入管法第7条に以下の5つの満たすべき条件を定めている。

図表3-4：入管法第7条による上陸審査の要件

入管法第7条による外国人が日本に上陸するための5つの要件	
ⅰ	有効な旅券及び査証を所持していること
ⅱ	申請に係る日本で行おうとする活動が虚偽でないこと
ⅲ	日本で行おうとする活動が入管法に定める在留資格のいずれかに該当し，また，上陸基準のある在留資格についてはその基準に適合すること
ⅳ	滞在予定期間が在留期間を定めた施行規則の規定に適合すること
ⅴ	入管法第5条に定める上陸拒否事由に該当しないこと

❷ 在留資格「研修」「技能実習」の在留資格該当性

前記ⅲの上陸するための要件における「入管法に定める在留資格」は，外国人が日本国において行う"活動"や，日本人の配偶者のように"身分・地位"を有する者としての活動を在留資格として分類したものであり，入管法別表により，在留資格ごとの"活動"や"身分・地位"の内容が規定されている。外国人の日本における"活動"又は"身分・地位"は，これらいずれかの在留資格に該当していなければならない。これを"在留資格該当性"という。

入管法別表による在留資格「研修」及び「技能実習」の日本における活動は，次のように規定されている（一部著者による補筆あり。）。

図表3-5：入管法別表第1の4「研修」，別表第1の2「技能実習」

在留資格	本邦において行うことができる活動
研　　修	本邦の公私の機関により受け入れられて行う技能，技術若しくは知識（以下「技能等」）の修得をする活動
技能実習 1号イ	本邦の公私の機関の外国にある事業所の職員又は本邦の公私の機関と法務省令で定める事業上の関係を有する外国の公私の機関の外国にある事業所の職員が，これらの本邦の公私の機関との雇用契約に基づいて当該機関の本邦にある事業所の業務に従事して行う技能等の修得をする活動（これらの職員がこれらの本邦の公私の機関の本邦にある事業所に受け入れられて行う当該活動に必要な知識の修得をする活動を含む。）

技能実習1号ロ	法務省令で定める要件に適合する営利を目的としない団体により受け入れられて行う知識の修得及び当該団体の策定した計画に基づき、当該団体の責任及び監理の下に本邦の公私の機関との雇用契約に基づいて当該機関の業務に従事して行う技能等の修得をする活動
技能実習2号イ	前号イに掲げる活動に従事して技能等を修得した者が、当該技能等に習熟するため、法務大臣が指定する本邦の公私の機関との雇用契約に基づいて当該機関において当該技能等を要する業務に従事する活動
技能実習2号ロ	技能実習1号ロに掲げる活動に従事して技能等を修得した者が、当該技能等に習熟するため、法務大臣が指定する本邦の公私の機関との雇用契約に基づいて当該機関において当該技能等を要する業務に従事する活動

③ 在留資格「研修」「技能実習」に係る入管法施行規則

　施行規則とは、法令を施行するために必要な細則、法律又は政令の委任に基づく事項を定めた規則・命令の総称をいう。出入国管理及び難民認定法施行規則（以下、「入管法施行規則」という。）は、入管法に基づき入国・在留許可申請の手続、提出資料、申請様式、申請代理人の範囲などを具体的に規定し、また、各在留資格の在留期間を規定している。

　入管法施行規則別表により、在留資格「研修」及び「技能実習」の上陸審査、在留資格変更等の提出資料及びその他参考となるべき資料は、次のように規定されている（一部著者による補筆あり。）。

図表3－6：入管法施行規則別表3「研修」，「技能実習」

別表第3（在留資格認定証明書交付申請の関係等）

在留資格	活　　動	資　　料
研　修	法別表第1の4の表の研修の項の下欄に掲げる活動	1　研修の内容、必要性、実施場所、期間及び待遇を明らかにする研修計画書（招へい理由書、研修実施予定表、研修生処遇概要書等） 2　帰国後本邦において修得した技術、技能及び知識を要する業務に従事することを証する文書（研修生派遣状又は復職予定証明書） 3　申請人の職歴を証する文書（履歴書） 4　研修指導員の当該研修において修得しようとする技能等に係る職歴を証する文書（研修指導員履歴書） 5　送出し機関の概要を明らかにする資料（送出し機関概要

		書，送出し機関の案内書又は会社を登記・登録していることを証する公的な資料） 6 受入れ機関の登記事項証明書及び損益計算書の写し（受入れ機関概要書，履歴全部事項証明書，損益計算書，貸借対照表等）
技能実習	法別表第1の2の表の技能実習の項の下欄に掲げる活動（技能実習1号イ）	1 法別表第1の2の表の技能実習の項の下欄第1号イに掲げる活動を行おうとする場合 イ 技能実習の内容，必要性，実施場所，期間及び到達目標（技能実習の成果を確認する時期及び方法を含む。）を明らかにする技能実習計画書（招へい理由書，技能実習1号実施計画書，講習実施予定表等） ロ 本邦入国後に行う講習の期間中の待遇を明らかにする文書（講習中の待遇概要書） ハ 帰国後本邦において修得した技能等を要する業務に従事することを証する文書（技能実習生派遣状又は復職予定証明書） ニ 送出し機関の概要を明らかにする資料（送出し機関概要書，送出し機関の概要が分かるパンフレット等，送出し機関が登記・登録されていることを証する公的な資料） ホ 実習実施機関の登記事項証明書，損益計算書の写し，常勤の職員の数を明らかにする文書及び技能実習生名簿（実習実施機関概要書，登記事項証明書又は実習実施機関の概要が分かるパンフレット，損益計算書，現在受け入れている技能実習生名簿等） ヘ 外国の所属機関と本邦の実習実施機関の関係を示す文書（外国の所属機関が本邦の実習実施機関の海外の事業所，子会社等の場合は，出資率及び出資額が明記された日本の財務大臣あて対外直接投資に係る外貨証券取得に関する届出書の写し，外国の所属機関が本邦の実習実施機関と取引関係のある企業の場合は，信用状及び船荷証券（航空貨物運送状を含む）の写し） ト 外国の所属機関における職務内容及び勤務期間を証する文書（履歴書） チ 送出し機関及び実習実施機関と当該外国人の間に締結された技能実習実施に係る契約書の写し（送出し機関と技能実習生との間で締結された契約書（本国の所属機関が作成し，申請人に交付した出向命令書及び転勤命令書・辞令を含む）の写し，実習実施機関と技能実習生との間で締結された契約書の写し） リ 実習実施機関における労働条件を当該外国人が理解したことを証する文書（労働条件通知書（申請人が理解できる言語で記載され，かつ，申請人の署名があるもの）の写し） ヌ 技能実習指導員の当該技能実習において修得しようとする技能等に係る経歴を証する文書（技能実習指導員履歴書）

		ル　本邦外において講習又は外部講習を受けた場合は，当該講習又は外部講習の内容，実施機関，実施場所及び期間を証する文書 （①実習実施機関が本邦外において実施した講習を受けた場合／海外の講習実施施設の概要を明らかにする文書，実習実施機関と海外の講習実施施設との間に締結された講習実施に係る契約書の写し，実習実施機関が作成した本邦外における講習・外部講習実施（予定）表） （②外国の公的機関又は教育機関が実施した外部講習を受けた場合／外部講習を実施した公的機関又は教育機関の概要を明らかにする文書，公的機関が講習を他の機関に委託した場合は，委託契約書等委託関係を明らかにする資料及び当該他の機関の概要を明らかにする文書，外部講習を実施した公的機関又は教育機関が作成した本邦外における講習・外部講習実施（予定）表） （③「技能実習1号イ」の上陸基準省令第1号に規定する本邦若しくは外国の公私の機関が実施した外部講習を受けた場合／海外の講習実施施設の概要を明らかにする文書，外部講習を実施した本邦若しくは外国の公私の機関が作成した本邦外における講習・外部講習実施（予定）表）
	（技能実習1号ロ）	2　法別表第1の2の表の技能実習の項の下欄第1号ロに掲げる活動を行おうとする場合／前号イからホまで及びチからルまでに掲げるもののほか，次に掲げる資料 イ　職歴を証する文書（履歴書） ロ　国籍・地域若しくは住所を有する国の国若しくは地方公共団体の機関又はこれらに準ずる機関から推薦を受けていることを証する文書（当該機関が作成した，本邦で従事する職種，監理団体名，実習実施機関名，送出し機関名等を記載した推薦状） ハ　監理団体の登記事項証明書，定款，技能実習生受入れに係る規約，損益計算書の写し，常勤の職員の数を明らかにする文書及び技能実習生名簿（監理団体概要書，現在受け入れている技能実習生名簿，登記事項証明書，損益計算書，貸借対照表，定款（又は寄附行為），事業協同組合の場合は技能実習生受入れ事業に係る規約等） ニ　監理団体と送出し機関との間に締結された技能実習実施に係る契約書の写し ホ　監理団体が団体要件省令第1条第1号イからへまでのいずれかに該当する場合は，当該監理団体が技能実習の運営に関し我が国の国若しくは地方公共団体又は独立行政法人からの資金その他の援助及び指導を受けていることを明らかにする文書 ヘ　監理団体が監理に要する費用を徴収する場合は，当該費用の負担者，金額及び使途を明らかにする文書（監理費徴収明示書） ト　あっせん機関がある場合は，その概要を明らかにする資

| | | 料及び常勤職員名簿（あっせん機関概要書，常勤職員名簿，登記事項証明書又はあっせん機関の概要が分かるパンフレット，損益計算書，賃借対照表等） |

　外国人が本邦に在留することのできる在留期間は，各在留資格について入管法施行規則により定められている。在留期間は5年（外交及び永住者の在留資格を除く）を超えることができず，在留資格「研修」及び「技能実習」の在留期間は，次のように規定されている。

図表3－7：入管法施行規則別表2「研修」，「技能実習」

別表第2（在留期間の関係）

在留資格	在留期間
研　修	1年，6月又は3月
技能実習	1　法別表第1の2の表の技能実習の項の下欄第1号イ又はロに掲げる活動を行う者にあっては，1年又は6月 2　法別表第1の2の表の技能実習の項の下欄第2号イ又はロに掲げる活動を行う者にあっては，1年を超えない範囲内で法務大臣が個々の外国人について指定する期間

4　在留資格「研修」「技能実習」に係る上陸基準省令

　在留資格「研修」及び「技能実習」に関する法令等は，他の就労可能な在留資格と比較した場合，非常に多岐にわたって定められている。外国人が本邦に上陸するためには入管法に定める在留資格に適合することが要件とされているが，その適合性は上陸基準省令に具体的に定められていて，これら上陸基準省令に適合していなければ上陸は許可されない。これを"上陸基準適合性"という。

　出入国管理及び難民認定法第7条第1項第2号の基準を定める省令（以下，「上陸基準省令」という。）は，日本の産業や国民生活に及ぼす影響，その他の事情を勘案して外国人の受入れ範囲を定めている。一般的な就労可能な在留資格の「技術」の場合，"技術又は知識の修得"と"報酬"の2つの基

準が規定されているだけであるが，在留資格「研修」は第20号までの基準，企業単独型の「技能実習」は第23号までの基準，団体監理型の「技能実習」にいたっては第40号までの基準に係る号数が規定されている。

図表３－８：上陸基準省令の基準の号数

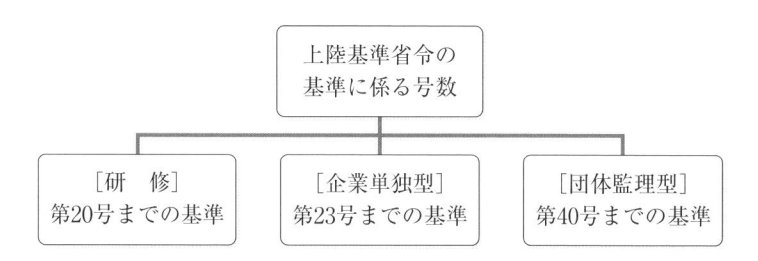

```
          上陸基準省令の
          基準に係る号数
    ┌──────────┼──────────┐
 ［研　修］   ［企業単独型］  ［団体監理型］
第20号までの基準 第23号までの基準 第40号までの基準
```

研修生，技能実習生となる申請人や修得する技能等に係る要件の他，講習や報酬，受入人数枠や不正行為など実習実施機関，監理団体等に係る基準があり，これらの基準をまとめると次の一覧のようになる。

図表３－９：上陸基準省令「研修」，「技能実習」一覧

（注）下記の号数は，研修・技能実習にかかる上陸基準省令の号数である。

			研　修	企業単独型	団体監理型
申請人等に係る要件	申請人（研修生・技能実習生）	技能実習生の身分		第１号	
		年齢及び技能等の帰国後の活用	第２号	第３号	第２号
		外国における業務経験			第４号
		外国の公的機関による推薦			第５号
	技能等	技能等の種類	第１号	第２号	第１号
		技能等の現地修得困難	第３号	第４号	第３号
	保証金・違約金	保証金・違約金の禁止		第５号	第６号
		違約金等の禁止		第６号	第７号
	講　習	講習（座学）の実施		第７号	第８号

実習実施機関，送出し機関，監理団体等に係る要件	報　酬	報酬額		第8号	第21号
	指導員	研修・技能実習指導員	第4号	第9号	第22号
		生活指導員	（第5号）	第10号	第23号
	受入れ人　数	受入れ人数枠		第11号	第24～29号
	実務要件・比率	実務研修が含まれている場合の要件	第5号		
		実務研修の占める比率	第9号		
	報　告	不正行為に関する事実報告	第5号の2	第11号の2	第30号の2
		継続不可能時の対応	第6号	第12号	第30号の3
		帰国報告・活動継続不可能事由発生報告			第9号
	施　設	講習実施施設の確保	（第5号）	第13号	第10号
		宿泊施設の確保	（第5号）	第14号	第11号
	労災保険	労災保険等による保障措置		第15号	第12号
	帰国担保	帰国担保措置	第7号	第16号	第13号
	文書作成等	研修・講習実施状況文書作成・備付け・保存	第8号		第14号
		実習実施状況文書作成・備付け・保存		第17号	第30号
	営利・収益禁止	あっせんに関する収益の禁止			第15号
		営利目的・収益を得ることの禁止	第15号		第35号
	不正行為・欠格事由	不正行為など欠格事由	第10～14号，第16～19号	第18～22号	第16～20号，第31～34号，第36～39号
		送出し機関，その他経営者等の欠格事由	第20号	第23号	第40号

5 法務省令，指針等

　法務大臣が定める法務省令には，上陸基準省令のほか，技能実習の企業単独型が受け入れることができる外国の公私の機関を定める省令（外国機関省令），団体監理型が受け入れることができる団体の要件を定める省令（団体要件省令）が定められ，海外現地法人や事業上の取引などの関係を有しない機関や営利目的とする団体が実習生を受け入れることができないように制限を設けている。

　また，省令以外にも技能実習生受入れのガイドライン（技能実習生の入国・在留管理に関する指針）を公表し，また，ややともすると低賃金労働者として扱われやすい技能実習生受入れの具体的な留意点や不正行為の対象などを示して法的な保護などを図り，技能実習制度の円滑かつ適正な実施を図ることなどを目的に技能実習制度の基本方針（技能実習制度推進事業運営基本方針）が示されている。

　なお，団体監理型における技能実習制度は，入管法改正により，2010年（平成22年）7月以降に監理団体が受入れ企業である実習実施機関に実習生をあっせんする行為は，"職業紹介事業"に該当することになり，監理団体は，職業安定法に基づき職業紹介事業の許可又は届出が必要となっている。

　これら在留資格「研修」「技能実習」に係る法律や省令，指針等の種類や適用区分をまとめると次のようになる。

図表3−10：研修・技能実習の入管法関係法令等　一覧

		研修	技能実習	
			企業単独型	団体監理型
1	入管法	○	○	○
2	入管法施行規則	○	○	○
3	上陸基準省令	○	○	○

4	外国機関省令	—	○	—
5	団体要件省令	—	—	○
6	在留資格変更基準省令	—	○	○
7	職業安定法	—	—	○
8	職業安定法施行規則	—	—	○
12	技能実習制度推進事業運営基本方針	—	○	○
13	技能実習生の入国・在留管理に関する指針	—	○	○
14	外国人技能実習制度における講習手当，賃金及び監理費等に関するガイドライン	—	○	○

3 在留資格上の実務研修の判断

❶ 在留資格「研修」と企業内「研修」

　在留資格「研修」とは，「本邦の公私の機関により受け入れられて行う技能，技術又は知識の修得をする活動」（入管法別表第1の4）をいい，国の公的機関や国際機関等が行う研修を除き，実務研修を伴わない技能等の修得をする活動をいう。

　これに対し企業内の用語として用いられる「研修」は，職務上必要とされる知識や技能を高めることを目的に，一定期間，継続的又は断続的に職場内・外で実務研修を通じて行われる教育訓練や講習，実習など（OJT・Off JT）をいい，特段法的な定義を有していない。そのため，同じ用語であっても在留資格の「研修」と企業内で用いられる「研修」という用語はその意味を異にする場合がある。

❷ 在留資格「研修」の"非実務研修"

　本邦の公私の機関が研修生を受け入れる場合，原則として実務研修を伴わない"非実務研修"の受入れとなるが，ここで問題となるのが，どこまでが

"非実務研修"であり，どこからが"実務研修"に該当するのか，その境界が定かではないことである。この点について上陸基準省令では，"実務研修"について定義されており「商品の生産若しくは販売をする業務又は対価を得て役務の提供を行う業務に従事することにより技能等を修得する研修（商品の生産をする業務に係るものにあっては，生産機器の操作に係る実習（商品を生産する場所とあらかじめ区分された場所又は商品を生産する時間とあらかじめ区分された時間において行われるものを除く。）を含む。）」（上陸基準省令第5号）と規定されている。

すなわち，在留資格「研修」の"非実務研修"とは，研修の形式が座学などの講義形式か否かにより決まるものではなく，研修生の行う作業が企業等の商品の生産若しくは販売をする業務又は有償の役務提供の過程の一部を構成するか否かにより決定される。

図表3－11：実務研修・非実務研修の区分

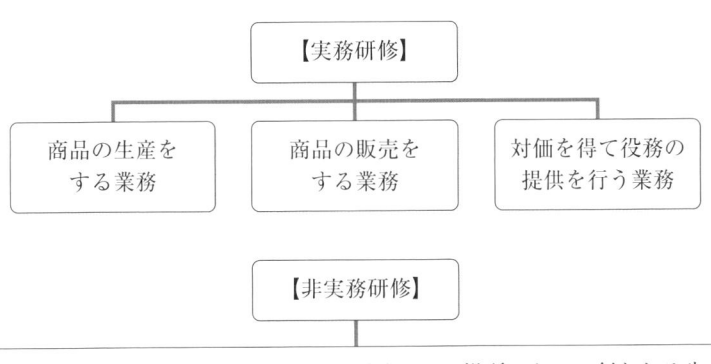

```
              【実務研修】
    ┌────────────┼────────────┐
商品の生産を    商品の販売を    対価を得て役務の
する業務        する業務        提供を行う業務

              【非実務研修】
    ┌─────────────────────────┐
    │ ①商品を生産する場所とあらかじめ区分された場所において行われる生産
    │   機器の操作に係る実習
    │ ②商品を生産する時間とあらかじめ区分された時間において行われる生産
    │   機器の操作に係る実習
    └─────────────────────────┘
```

"非実務研修"の範囲であるか"実務研修"に該当するのかの判断で留意しなければならないのは，2010年（平成22年）7月の入管法改正を受けて在

留資格「研修」の上陸基準省令第5号も改正されている点である。この改正によって「商品の生産をする業務に係るものにあっては，生産機器の操作に係る実習（商品を生産する場所とあらかじめ区分された場所又は商品を生産する時間とあらかじめ区分された時間において行われるものを除く。）を含む。」という規定が追加されている。

上陸基準省令の改正前は，生産機器の操作に係る実習は"非実務研修"として取り扱われていたが，改正後は，あらかじめ場所又は時間を区分して行われる場合を除き，"実務研修"として取り扱われる。

4 労働関係法令の適用

① 労働契約の締結

労働契約は，労働者が使用者に使用されて労働し，使用者がこれに対して賃金を支払うことについて，労働者及び使用者が合意することによって成立する契約である（労働契約法第6条）。

在留資格「研修」の活動は，「本邦の公私の機関により受け入れられて行う技能，技術又は知識の修得をする活動」であり，労働に従事し賃金を得る活動ではないため，雇用契約の締結は不要である。

在留資格「技能実習」の活動は，「本邦の公私の機関との雇用契約に基づく活動」であり，技能実習生の受入れに当たっては，雇用契約の締結が前提となる。技能実習生は日本の法令，職場慣行等を理解していないことが多く，入国後に労働条件等についての理解の行き違いなどから職場でのトラブルが発生することがあり，また，いったんトラブルが発生すると言葉や文化，習慣等の違いからその解決が容易ではない。そうしたトラブルを未然に防止するためには，実習実施機関と技能実習生との間で労働契約上の権利・義務関係を明確にしておくことが極めて重要である。実務上は技能実習生が入国する前に，日本語のみならず母国語を併記した雇用契約書や労働条件通

知書等の書面を作成し，技能実習生本人と労働契約を締結しなければならない。

　厚生労働省及びJITCOでは，それぞれ外国人労働者向けのモデル労働条件通知書や技能実習のための雇用契約書などを準備している。英語のほか中国語，インドネシア語，タイ語，ベトナム語，タガログ語などに対応しており，それぞれ日本語と併記して作成されているため，雇用契約書や労働条件通知書等を作成するに当たっては大変参考となる。

❷ 労働関係法令の適用

　労働基準法その他労働関係法令の適用については，研修生及び技能実習生の"労働者性"を判断することになる。労働基準法では「職業の種類を問わず，事業又は事務所に使用される者で，賃金を支払われる者」（労働基準法第9条）と規定して労働者を定義しており，実態が使用者の指揮監督下における労務提供と評価するにふさわしいかどうかで判断される。

　研修生については，一般的に"労働者性"が否定されているが，これは研修の目的が労務提供ではなく，かつ，賃金の支払いがないことを基本としている。しかし，入管法上，雇用契約が締結されていなくても，労働者保護を目的とする労働関係法令の趣旨から実質的に"労働者性"がないことを否定されれば，労働基準法等が適用されることになる。

　雇用契約の締結を前提とする技能実習生は，労働者であることを基本とし，使用者となる実習実施機関との雇用関係の下で報酬を受ける。そのため"労働者性"の有無を疑うことなく労働基準法上の"労働者"に該当し，通常の労働者と同様に労働関係法令についても適用される。ただし，技能実習実施機関における実習の前に，監理団体において一定時間以上の講習の実施が義務付けられている。この講習期間中は，原則として技能実習生と実習実施機関との間に雇用関係は生じていないため，労働関係法令は適用されない。

　また，労働条件の最低基準を規定する労働基準法では，労働関係法令のほ

か，就業規則，労働組合等との協定書等を労働者に周知させることが義務付けられている（労働基準法第106条）。さらに労働者の安全と健康の確保を規定する労働安全衛生法についても周知義務が課せられているため（労働安全衛生法第101条），実習実施機関では，技能実習生に対してこれらの周知義務を遵守しなければならない。

図表３－12：研修生・技能実習生の労働者性

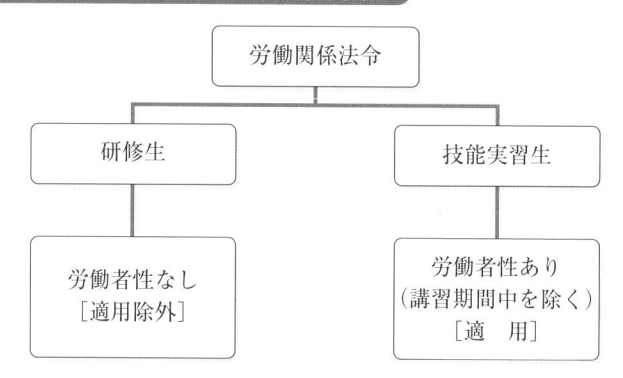

```
                    労働関係法令
                   ┌──────┴──────┐
                 研修生          技能実習生
                   │                │
              労働者性なし      労働者性あり
              ［適用除外］    （講習期間中を除く）
                              ［適　　用］
```

❸ 労働保険・社会保険の適用

　受入れ機関と雇用契約を締結しない研修生は，労働者災害補償保険（以下「労災保険」という）が適用されないため，業務上の労働災害等により傷害を受けても補償されない。そのため，研修生が研修中に負傷，疾病等に罹患した場合に備え，保険の加入等の保障措置を講じていることが求められている。"外国人研修生総合保険"は，JITCOが窓口となっている民間保険であり，外国人研修制度の一般的な保険として利用されている。

　雇用契約の締結を前提とする技能実習では，実習実施機関において労災保険及び雇用保険並びに健康保険及び厚生年金保険に加入して技能実習生の労働災害や傷病等に備えなければならない。実習実施機関が健康保険及び厚生年金保険の適用に該当しない場合は，国民健康保険及び国民年金の制度に加入することになる。また，監理団体において義務付けられている講習の期間

中については労働関係法令が適用されないため、JITCOが窓口となっている民間保険の"外国人技能実習生総合保険"がこの空白期間をカバーする保険として利用されている。

図表3-13：労働保険・社会保険の適用　一覧

	研修生		技能実習生
	研修中	講習中	雇用契約期間
労災保険	×	×	○
雇用保険	×	×	○
健康保険	×	×	○
国民健康保険	×	○	○（健康保険の適用がない場合）
厚生年金保険	×	×	○
国民年金	×	○	○（厚生年金保険の適用がない場合）
民間保険	○	○	△（保険の内容による）

4 研修手当と賃金

　報酬を受ける活動は就労活動であり、在留資格「研修」の在留資格に該当しない。そのため、外国人研修生は、技術、技能又は知識を修得する活動を行うことにより報酬を受けることはできない。外国人研修制度で研修生を受け入れる場合、多くの場合は"研修手当"として一定の金銭が支払われる。この"研修手当"は、本邦における外国人研修生の生活費等の実費を補塡するため支払われるものである。

　これに対し雇用契約に基づく技能実習は、労働の対価として賃金を得る。賃金に関しては、労働関係法令の中でも労働基準法及び最低賃金法に留意しなければならない。労働基準法は、労働条件等の最低基準を規定した強行法

規であり，賃金については支払方法（労働基準法第24条）や割増賃金（労働基準法第37条）などが規定されている。最低賃金では，最低賃金法により都道府県の地域別と産業別に最低賃金額が公表されており，使用者はその最低賃金額以上の賃金を労働者に支払わなくてはならない（最低賃金法第4条）。また，上陸基準省令によっても「日本人が従事する場合の報酬と同等額以上」（上陸基準省令「技能実習1号イ」第8号／上陸基準省令「技能実習1号ロ」第21号）と規定され，最低賃金を支払えばよいというものではない。

支給名目が"研修手当"であっても，外国人研修生が行った一定の役務に対して支払われた金銭は，原則として労働の対価としての報酬に該当する。労働の対価として報酬に該当するか否かは，研修手当の額，支払状況などから総合的に判断され，社会通念上妥当な範囲を超える場合には"研修手当"とはみなされずに報酬と判断されることになる。参考書，日用品の購入，散髪，電話等への小遣い程度は，社会通念上妥当な範囲内に限り"研修手当"と判断される。

図表3－14：研修生・技能実習生の相違点　一覧

	研修生	技能実習生
法的保護	入管法に基づく	入管法＋労働関係法令に基づく
労働関係法令	適用なし（労働者性なし）	適用あり（労働者性あり）
労働・社会保険関係	民間保険への加入	労働保険，社会保険の適用
賃　金　等	生活実費としての研修手当等	労働の対価としての賃金等

第4章 在留資格「研修」に係る入管手続

第1 在留資格「研修」に係る「在留資格該当性」

1 「公私の機関」に係る在留資格該当性

❶ 受入れ機関の積極的な体制

　在留資格「研修」は，入管法により「本邦の公私の機関により受け入れられて行う技能等の修得をする活動」に該当する活動でなければならない。この「公私の機関」は，研修生を受け入れて自らの指導の下に研修を実施する受入れ機関であり，そのための技能等を教える積極的な体制を整えていることが必要である。

　積極的な体制とは，研修生が技能等を修得するための生産機械，設備，講習の実施場所などの物的条件のほか，技能等について十分な知識と経験を有する指導員などの人的条件が整っている必要がある。さらに，研修実施のための研修カリキュラムの策定や研修施設の確保，生活指導などを行う事務的な体制も要する。

図表4－1：受入れ機関の積極的体制

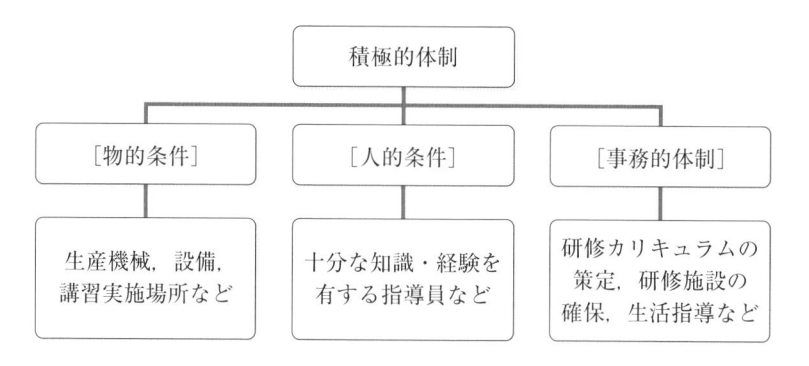

```
                    積極的体制
        ┌──────────┼──────────┐
    ［物的条件］   ［人的条件］   ［事務的体制］
    生産機械，設備， 十分な知識・経験を 研修カリキュラムの
    講習実施場所など 有する指導員など  策定，研修施設の
                                      確保，生活指導など
```

❷ 研修生の受入れ人数枠

　在留資格「研修」において，在留資格「技能実習」と異なり，受入れ機関が研修生を受け入れることができる人数について規定されていない。

　常勤役員以外の従業員が少ないような場合，研修生を指導する体制が確立されているか，研修計画に信憑性があるかなどについて慎重に審査される。

　なお，在留資格「技能実習」の技能実習生の受入れ人数枠は，企業単独型は上陸基準省令第11号，団体監理型は上陸基準省令第24～29号で規定されている。

❸ 受入れ機関の財務状況

　研修事業を継続していくに当たっては，研修生の受入れ機関の経営が安定して継続していくことが必要である。

　受入れ機関の財務状況は，貸借対照表及び損益計算書などの決算関連資料により，研修を実施するに足りる経済活動の実態を有しているか否かにより判断される。そのため，単に収益が上がっていない赤字決算の場合であっても，財務上危機的状況にある場合は別として，研修生の受入れを認められないとするものではない。

4 民間企業による受入れ

「本邦の公私の機関により受け入れられて行う技能等の修得をする活動」である在留資格「研修」は，民間企業が受け入れる場合，非実務研修を実施する研修に限られ，実務研修を行うことができない。

企業内の用語として用いられる「研修」は，職務上必要とされる知識や技能を高めることを目的に一定期間，継続的又は断続的に職場内・外で実務研修を通じて行われる教育訓練や講習，実習（OJT・Off JT）などをいう。同じ「研修」という用語が用いられていても在留資格の「研修」と企業内で認識されている「研修」とでは，その概念，実態に相違があることがあるので注意を要する。

5 公的機関による受入れ

国や地方公共団体の機関，又は独立行政法人等の公的な要素を有する公的機関，その他国際機関等による研修生の受入れは，民間企業とは異なり，実務研修の実施が認められている。

公的機関や国際機関等による研修生の受入れには，後述する上陸基準省令第5号において"研修生用の宿泊施設の確保"，"研修生用の研修施設の確保"，"生活指導員の設置"，"労災保険の代替補償措置"及び"研修施設に係る安全衛生措置"の基準が設けられており，受入れ機関の受入れ能力及び受入れ体制について定められている。

また，研修計画の全体に占める実務研修の比率を3分の2以下に制限することを基本とし，一定以上の非実務研修の占める割合を確保することにより，適正かつ効果的な研修を確保している。

なお，実務研修の占める比率を規定する上陸基準省令第9号の要件を満たすことにより，研修計画の全体に占める実務研修の比率を4分の3以下，さらに5分の4以下まで拡大することができる。

図表４－２：公的機関による実務研修

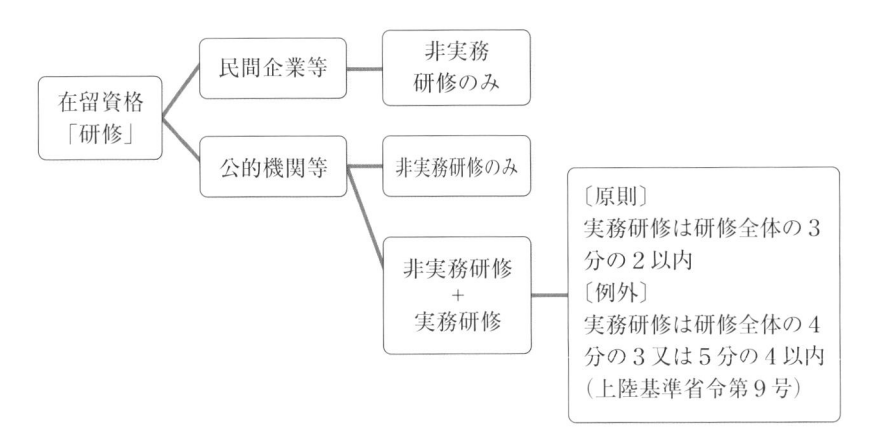

```
                    ┌─ 民間企業等 ─── 非実務
                    │                 研修のみ
在留資格 ──┤
「研修」          │                ┌─ 非実務研修のみ
                    └─ 公的機関等 ─┤
                                      │
                                      └─ 非実務研修
                                         ＋
                                         実務研修
```

〔原則〕
実務研修は研修全体の３分の２以内
〔例外〕
実務研修は研修全体の４分の３又は５分の４以内
（上陸基準省令第９号）

2 「技能，技術若しくは知識」に係る在留資格該当性

❶ 研修生が修得する「技能，技術若しくは知識」の種類

　研修生が修得する技能，技術又は知識は，その技能等を本邦における研修活動により修得し，本国に帰国後にその修得した技能等を要する業務に従事することが予定されていなければならない。これは，外国人研修制度が我が国から外国への技術移転を図ることを目的としているためである。

　目標とする技能等の種類については，既に研修生本人が身につけている技能等と同程度のものであったり，研修計画の到達目標が低いものは，研修の本旨に合致せず在留資格該当性を満たさない。

　なお，後述する上陸基準省令第１号においても，「申請人が修得しようとする技能，技術又は知識が同一の作業の反復のみによって修得できるものではないこと」とされていて，単純労働に類する職種は在留資格研修に該当しない。

第2　在留資格「研修」に係る「上陸基準適合性」

1　申請人（研修生）に係る上陸基準省令

| 第2号 | 年齢及び技能等の帰国後の活用 | 18歳以上であり，かつ，国籍又は住所を有する国に帰国後本邦において修得した技能，技術又は知識を要する業務に従事することが予定されていること |

❶ 年齢及び技能等の帰国後の活用（上陸基準省令第2号）

　研修による技能等の移転を確保するとされている。帰国後に本邦における研修の成果が十分にいかせることが，派遣状や復帰予定証明書等により客観的に認められることが必要である。

　申請人の本国での職業と無関係な職種に係る研修は，原則として，帰国後において修得した技能等を要する業務に従事することが予定されているとは認められない。また，申請時に研修生の派遣機関である所属機関等の職員ではない場合は，公的機関が実施する研修を除き，原則として申請人に係る上陸基準適合性は認められない。

図表4－3：申請人（研修生）に係る「上陸基準適合性」

申請人（研修生）
・18歳以上
・帰国後に修得した技能等を要する業務に従事予定

2 技能等に係る上陸基準省令

第1号	技能等の種類	申請人が修得しようとする技能，技術又は知識が同一の作業の反復のみによって修得できるものではないこと
第3号	技能等の現地修得困難	申請人が住所を有する地域において修得することが不可能又は困難である技能等を修得しようとすること

❶ 技能等の種類（上陸基準省令第1号）

　同一作業の繰返しのみによって修得できる内容の作業は研修とは認めないとされている。単純作業や非熟練作業を行うことを目的とした場合，技能等に係る上陸基準適合性は認められない。

❷ 技能等の現地修得困難（上陸基準省令第3号）

　本邦で行う必要性のある研修に限る規定である。研修生の受入れは，本邦から発展途上国などの外国への技術移転を図ることを目的とするものであり，外国人が修得しようとする技能等が自国において修得可能であれば，本邦において研修を実施する必要性がないため，技能等に係る上陸基準適合性は認められない。ただし，住所を有する地域において修得することが可能又は容易である職種であっても，日本においてより高度な，より精密な技能等の修得を目的とする場合は，上陸基準適合性が認められる。

　また，外国特有の技能等を日本で修得することを目的とする場合，本来はその技能等は日本以外の国で修得されるべきものであるため，特段の事情がない限り，そのような技能等の修得を目的とする場合には上陸基準適合性は認められない。

図表4－4：技能等に係る「在留資格該当性」及び「上陸基準適合性」

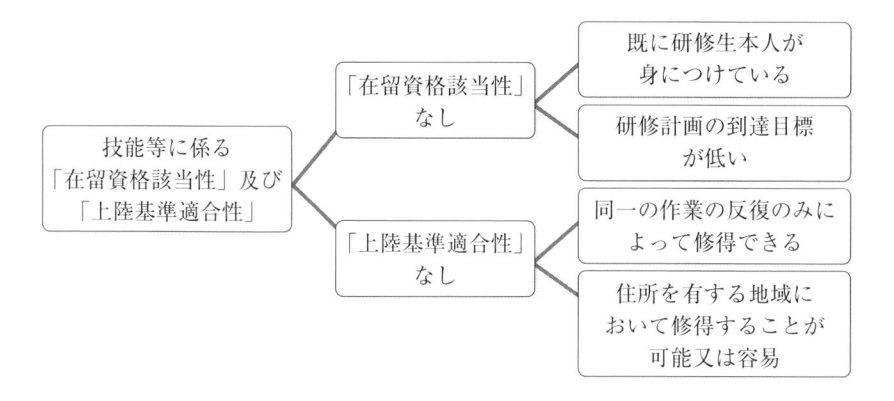

```
                          ┌─「在留資格該当性」─┬─ 既に研修生本人が身につけている
                          │  なし              │
  技能等に係る            │                    └─ 研修計画の到達目標が低い
「在留資格該当性」及び ───┤
「上陸基準適合性」        │                    ┌─ 同一の作業の反復のみによって修得できる
                          └─「上陸基準適合性」─┤
                             なし              └─ 住所を有する地域において修得することが
                                                  可能又は容易
```

3 研修指導員に係る上陸基準省令

第4号	研修指導員	申請人が受けようとする研修が，受入れ機関の常勤の職員で修得しようとする技能等について5年以上の経験を有する研修指導員の指導の下に行われること

❶ 研修指導員（上陸基準省令第4号）

　適切な指導能力のある研修指導員の指導の下，研修が実施されることを求めるとされている。研修指導員は，研修生の受入れ機関の常勤職員でなければならず，研修生が修得しようとする技能等について5年以上の経験を有する職員に限られている。なお，5年以上の経験は，同一の機関におけるものに限られず，他の機関の経験年数も通算できる。

　研修指導員は自ら研修の指導に当たるほか，研修カリキュラムを管理し，指導方法を指示するなどして他の職員に研修の指導を行わせ，また，日本語講師等の専門家など外部講師による指導を妨げるものではなく，さらに日本語学校等に通学させることも妨げるものではない。

図表4-5：研修指導員の要件

研修指導員
・受入れ機関の常勤職員
・5年以上の経験を有する職員

4 実務研修要件・比率に係る上陸基準省令

| 第5号 | 実務研修が含まれている場合の要件 | 申請人が本邦において受けようとする研修の中に実務研修が含まれている場合は，次のいずれかに該当していること
イ　申請人が，我が国の国若しくは地方公共団体の機関又は独立行政法人が自ら実施する研修を受ける場合
ロ　申請人が独立行政法人国際観光振興機構の事業として行われる研修を受ける場合
ハ　申請人が独立行政法人国際協力機構の事業として行われる研修を受ける場合
ニ　申請人が独立行政法人石油天然ガス・金属鉱物資源機構石油開発技術センターの事業として行われる研修を受ける場合
ホ　申請人が国際機関の事業として行われる研修を受ける場合
ヘ　イからニに掲げるもののほか，申請人が我が国の国，地方公共団体又は我が国の法律により直接に設立された法人，若しくは我が国の特別の法律により特別の設立行為をもって設立された法人，若しくは独立行政法人の資金により主として運営される事業として行われる研修を受ける場合で受入れ機関が次のいずれにも該当するとき
⑴　研修生用の宿泊施設を確保していること（あっせん機関が宿泊施設を確保していることを含む）
⑵　研修生用の研修施設を確保していること
⑶　生活指導員を置いていること
⑷　申請人が研修中に死亡し，負傷し，又は疾病に罹患した場合における保険（労働者災害補償保険を除く）への加入その他の保障措置を講じていること（あっせん機関が当該保障措置を講じていることを含む）
⑸　研修施設について労働安全衛生法の規定する安全衛生上必要な措置に準じた措置を講じていること |

			ト　申請人が外国の国若しくは地方公共団体又はこれらに準ずる機関の常勤の職員である場合で受入れ機関がへの(1)から(5)までのいずれにも該当するとき チ　申請人が外国の国又は地方公共団体の指名に基づき，我が国の国の援助及び指導を受けて行う研修を受ける場合で次のいずれにも該当するとき 　(1)　申請人が外国の住所を有する地域において技能等を広く普及する業務に従事していること。 　(2)　受入れ機関がへの(1)から(5)までのいずれにも該当すること
第9号	実務研修の占める比率		申請人が本邦において受けようとする研修の中に実務研修が含まれている場合は，当該実務研修を受ける時間（2以上の受入れ機関が実務研修を実施する場合はこれらの機関の合計時間）が，本邦において研修を受ける時間全体の3分の2以下であること。ただし，申請人が，次のいずれかに該当し，かつ，実務研修の時間が本邦において研修を受ける時間全体の4分の3以下であるとき又は次のいずれにも該当し，かつ，実務研修の時間が本邦において研修を受ける時間全体の5分の4以下であるときは，この限りでない。 　イ　申請人が，本邦において当該申請に係る実務研修を4月以上行うことが予定されている場合 　ロ　申請人が，過去6月以内に外国の公的機関又は教育機関が申請人の本邦において受けようとする研修に資する目的で本邦外において実施した当該研修と直接に関係のある研修で，1月以上の期間を有し，かつ，160時間以上の課程を有するものを受けた場合

1 実務研修が含まれている場合の要件（上陸基準省令第5号）

　公的な要素を有する公的機関及び国際機関等の受入れ機関に限り，実務研修の実施を認めるとされている。これら受入れ機関の受入れ能力及び受入れ体制についての基準についても定めている。具体的な基準には"研修生用の宿泊施設の確保"，"研修生用の研修施設の確保"，"生活指導員の配置"，"労災保険に代わる保障措置"及び"研修施設に係る安全衛生措置"について定めている。

　実務研修か非実務研修かの判断は，講義形式か否かにより決められるものではなく，研修生の行う作業が，企業等の商品の生産又は有償の役務提供の過程の一部を構成するか否かにより決定される（「研修と技能実習の主な相違

点」3(3)②参照)。また,研修生には労働関係法令の適用がないため,労災保険への加入に代わり民間の保険等への加入が義務付けられており,さらに研修施設における労働者安全衛生法に規定する安全衛生上の必要な措置に準じた措置を講じることが求められている(「研修と技能実習の主な相違点」3(4)②及び③参照)。

　非実務研修を基本とする在留資格「研修」であるが,次の4つの類型の公的な要素を有する研修に限り,実務研修を含む研修活動を認めている。
　1　我が国の公的機関,国際機関の事業として行われる研修
　　イ　我が国の国若しくは地方公共団体の機関又は独立行政法人が自ら実施する研修
　　ロ　独立行政法人国際観光振興機構の事業として行われる研修
　　ハ　独立行政法人国際協力機構の事業として行われる研修
　　ニ　独立行政法人石油天然ガス・金属鉱物資源機構石油開発技術センターの事業として行われる研修
　　ホ　国際機関の事業として行われる研修
　2　我が国の公的機関の資金により主として運営される事業として行われる研修
　　ヘ　前記1のほか,「国・地方公共団体」「特殊法人」「独立行政法人」のいずれかの資金により主として運営される事業として行われる研修であり,次のいずれにも該当するもの
　　　(1)　研修生用の宿泊施設の確保(あっせん機関による確保を含む)
　　　(2)　研修生用の研修施設の確保
　　　(3)　生活指導員の設置
　　　(4)　労災保険の代替補償措置(あっせん機関の補償措置を含む)
　　　(5)　研修施設に係る安全衛生措置
　3　外国の公的機関の常勤の職員に係る研修
　　ト　申請人が外国の国・地方公共団体又はこれらに準ずる機関の常勤職員である場合の研修であり,受入れ機関が前記2(1)から(5)までのいず

れにも該当するもの
4　外国の国・地方公共団体の指名に基づき，我が国の国の援助及び指導を受けて行う研修
　チ　申請人が外国の国・地方公共団体の指名に基づき，我が国の国の援助及び指導を受けて行う場合の研修であり，次のいずれにも該当するもの
　　(1)　申請人が外国の住所を有する地域において技能等を広く普及する業務に従事
　　(2)　受入れ機関が前記2(1)から(5)までのいずれにも該当

❷ 実務研修の占める比率（上陸基準省令第9号）

　実務研修実施期間を制限する措置は，研修を的確に実施し実効性のあるものとするためには，実務研修実施前に一定の基礎的知識を教えてから実務研修に移行させるのがより効果的であり，かつてのような「理屈よりも体で覚えろ」式の指導方法を否定するとともに，併せて就労まがいの名ばかりの研修を排除しようとするものである。

　実務研修が含まれる研修は，原則として非実務研修の時間が研修を受ける時間全体の3分の1以上必要となるが，次の要件のいずれか1つに該当する場合は4分の1以上，いずれにも該当する場合は5分の1以上にまで非実務研修の占める比率が縮小される。

1　申請人が，本邦において当該申請に係る実務研修を4か月以上行うことが予定されている場合
2　申請人が，過去6か月以内に外国の公的機関又は教育機関が申請人の本邦において受けようとする研修に資する目的で本邦外において実施した当該研修と直接に関係のある研修（実務研修を除く）で，1か月以上の期間を有し，かつ，160時間以上の課程を有するもの（受入れ機関においてその内容が本邦における研修と同等以上であることを確認したものに限る）を受けた場合

「実務研修を4か月以上行う」とは，合計4か月以上の時間，実務研修を行うことを意味しており，"実務研修を含む4か月以上"ではない。そのため，日々の研修期間中に実務研修及び非実務研修の両方を混合する場合，実務研修の占める割合を時間換算して合計4か月以上必要ということになる。

　「当該研修と直接に関係のある研修」は実務研修が除外されており，本邦入国後に受講予定の研修（講習）と同等以上の内容のものであることとされている。

図表4－6：実務研修の占める比率

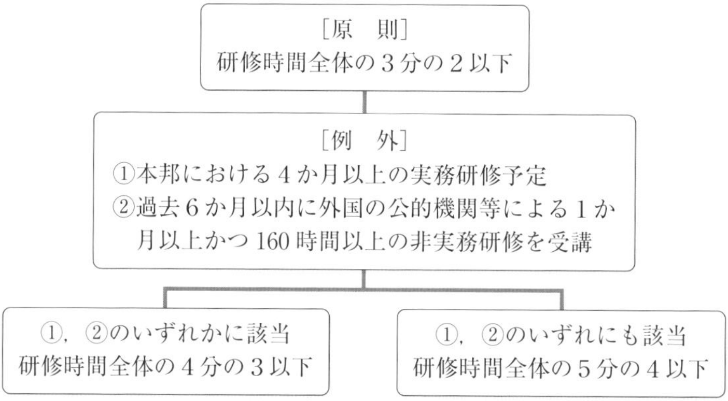

```
           ［原　則］
      研修時間全体の3分の2以下

           ［例　外］
  ①本邦における4か月以上の実務研修予定
  ②過去6か月以内に外国の公的機関等による1か
    月以上かつ160時間以上の非実務研修を受講

  ①，②のいずれかに該当        ①，②のいずれにも該当
  研修時間全体の4分の3以下      研修時間全体の5分の4以下
```

5　報告に係る上陸基準省令

第5号の2	不正行為に関する事実報告	受入れ機関が，研修の表に掲げる不正行為を行った場合は，直ちに，地方入国管理局に当該不正行為に関する事実を報告することとされていること
第6号	継続不可能時の対応	受入れ機関が，研修の活動を継続することが不可能となる事由が生じた場合は，直ちに，地方入国管理局に当該事実及び対応策を報告することとされていること

❶ 不正行為に関する事実報告（上陸基準省令第5号の2）

　受入れ機関が「不正行為」を行った場合に，受入れ機関が自ら地方入国管理局への報告を義務付けるとされている。2012年（平成24年）11月1日に施行された改正上陸基準省令により，新たに追加されている。2010年（平成22年）7月1日から施行されている改正入管法は，研修生・技能実習生の法的保護及びその法的地位の安定化を図るための措置が講じられているが，改正上陸基準省令により，さらに研修生・技能実習生の保護の強化が図られている。

　報告しなければならない不正行為は，上陸基準省令第10号の不正行為の表に規定されている研修に係る行為である。そのような不正行為を行った場合は，その不正行為の態様や程度を問わず，地方入国管理局への報告対象となる。この報告により，地方入国管理局が確認した不正行為が"研修の適正な実施を妨げるもの"であった場合には，その不正行為が終了した日後，一定期間研修生及び技能実習生の受入れは認められない。また，不正行為に対して地方入国管理局から改善措置を講ずるよう指導を受けた場合において，再発防止に必要な改善措置が講じられていなければ研修生及び技能実習生の受入れは認められない。

　"研修の適正な実施を妨げるもの"とは，不正行為を行った機関や個人について，不正行為の態様や程度を個別に調査し，その結果，研修を継続して実施させることが研修制度の適正な運営上好ましくないと認められるものをいう。

❷ 継続不可能時の対応（上陸基準省令第6号）

　研修生が技能等の修得活動を継続することが不可能となる事由が生じた場合に，地方入国管理局への報告を義務付けるとされている。研修の活動が不可能となる事由としては，研修生の失踪や疾病，受入れ機関の事業廃止や不正行為，その他受入れ機関と研修生との間の諸問題の発生等が想定されている。

　受入れ機関には，研修計画に基づいた技能等の修得活動の継続が求められるが，事業の縮小や廃止などにより，受入れ機関が研修活動の継続が困難となる場合も考えられる。そうした場合，受入れ機関は，直ちにその事実と対

応策について地方入国管理局に報告しなければならず，さらに研修生が引続き技能等の修得活動の継続を希望した場合は，その旨を地方入国管理局に申し出るとともに，同業他社とも協議するなどして研修生の受入先の確保に努める必要がある。新たな研修生の受入先が確保できた場合において，地方入国管理局により他の機関が在留資格該当性や上陸基準適合性を満たし適正な研修を実施する体制を有していると認められたときは，当該他の機関において引き続き在留資格「研修」の活動を継続することができる。

6 帰国担保に係る上陸基準省令

| 第7号 | 帰国担保措置 | 受入れ機関又はあっせん機関が研修生の帰国旅費の確保その他の帰国担保措置を講じていること |

❶ 帰国担保措置（上陸基準省令第7号）

技能等を海外へ移転するという研修制度の趣旨に鑑み，研修生の帰国に支障を来さないようにするとされている。帰国担保措置は，帰国旅費の確保が中心であり，受入れ機関又はあっせん機関が帰国旅費の全額を負担しなければならない。

受入れ機関の事業縮小や廃止などにより研修が継続できなくなった場合，研修生の帰国旅費の確保が困難となる。そのため，特に受入れ機関においては，研修生が本邦に入国した当初から帰国旅費を確保しなければならない。

7 文書作成等に係る上陸基準省令

| 第8号 | 文書作成等 | 受入れ機関が研修の実施状況に係る文書を作成し，研修を実施する事業所に備え付け，当該研修の終了の日から1年以上保存することとされていること |

❼ 研修実施状況文書作成・備付け・保存（上陸基準省令第8号）

　研修の実施状況に係る文書作成，備付け及び当該文書の保存を受入れ機関に義務付けるとされている。

　研修内容や指導事項，今後の課題等を記載する"研修日誌"を作成して研修実施状況を把握する必要がある。「研修の実施状況に係る文書」には"研修日誌"のほか，研修に従事した研修時間及び研修手当等を記載した台帳，指導者などを記載した文書が該当する。

　「研修の実施状況に係る文書」は，受入れ機関に常時備え付けなければならず，研修終了日から1年以上保存しなければならない。

8　営利・収益禁止に係る上陸基準省令

| 第15号 | 営利目的・収益を得ることの禁止 | あっせん機関がある場合は，当該機関が営利を目的とするものでなく，かつ，研修に係るあっせんに関して収益を得ないこととされていること |

❶ 営利目的・収益を得ることの禁止（上陸基準省令第15号）

　あっせん機関がある場合，当該あっせん機関の非営利性及び非収益性を定めるとされている。研修に係るあっせん行為により，収益を得る行為を禁止している。

　あっせんとは「二当事者の依頼又は承諾のもとに，当該二当事者の間に立って，ある交渉が円滑に行われるよう仲介（世話）すること」である。研修に関するあっせん行為の主な例は，受入れ機関と送出し機関との間に立って研修に関して仲介する場合などがある。

図表4-7：あっせんとは（厚生労働省）

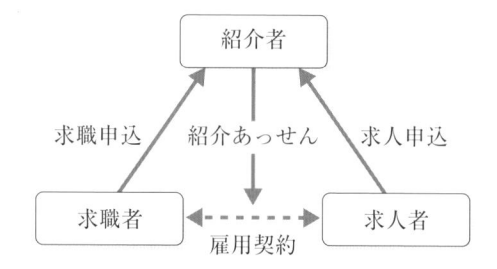

```
              紹介者
            ↗   ↑   ↖
      求職申込 紹介あっせん 求人申込
         ↙              ↘
      求職者 ← - - - - → 求人者
              雇用契約
```

9 不正行為・欠格事由に係る上陸基準省令

第10号	不正行為など欠格事由（受入れ機関又はその経営者，管理者，研修指導員若しくは生活指導員）	外国人の研修に係る表の不正行為を行ったことがある場合は，当該不正行為が終了した日後，同表に掲げる期間を経過し，かつ，再発防止に必要な改善措置が講じられていること ただし，当該不正行為が研修の適正な実施を妨げるものでなかった場合は，この限りでない
第11号		技能実習第1号イ又は技能実習第1号ロの表に掲げる不正行為を行ったことがある場合は，当該不正行為が終了した日後，それぞれの表に掲げる期間を経過し，かつ，再発防止に必要な改善措置が講じられていること ただし，当該不正行為が研修の適正な実施を妨げるものでなかった場合は，この限りでない
第12号		研修，技能実習第1号イ又は技能実習第1号ロの表に掲げる外国人の研修・技能実習に係る不正行為を行い，当該行為に対し地方入国管理局から改善措置を講ずるよう指導を受けた場合は，再発防止に必要な改善措置が講じられていること
第13号		次に掲げる規定により刑に処せられたことがある場合は，その執行を終わり，又は執行を受けることがなくなった日から5年を経過していること イ　入管法第73条の2から第74条の8までの規定 ロ　労働基準法第117条並びに労働基準法第118条第1項，第119条及び第120条の規定並びに当該規定に係る同法第121条の規定 ハ　船員法第130条，第131条第1号及び第2号の規定並びに当該規定に係る同法第135条第1項の規定 ニ　最低賃金法第40条の規定及び同条の規定に係る同法第42条の規定
第13号の2		過去5年間に当該機関の事業活動に関し，外国人に対して不正に在留資格認定証明書の交付，上陸許可，在留資格変更許可等を受けさせる目的で，文書等の偽変造，虚偽文書等の作成，若しくはこれら文書等の行使・所持・提供又はこれら行為の教唆若しくは幇助を行ったことがないこと

第14号	不正行為など欠格事由 (受入れ機関の経営者又は管理者)	過去5年間に他の機関の経営者、役員又は管理者として外国人の研修又は技能実習の運営又は監理に従事していたことがあり、その従事期間中、当該他の機関が研修、技能実習第1号イ又は技能実習第1号ロの表に掲げる不正行為を行っていた場合は、当該不正行為が終了した日後、それぞれの表に掲げる期間を経過していること ただし、当該不正行為が研修の適正な実施を妨げるものでなかった場合は、この限りでない
第16号	不正行為など欠格事由 (あっせん機関又はその経営者、管理者若しくは常勤の職員(国・地方公共団体の機関、独立行政法人以外の機関があっせんする場合))	研修、技能実習第1号イ又は技能実習第1号ロの表に掲げる不正行為を行ったことがある場合は、当該不正行為が終了した日後、それぞれの表に掲げる期間を経過し、かつ、再発防止に必要な改善措置が講じられていること ただし、当該不正行為が研修の適正な実施を妨げるものでなかった場合は、この限りでない
第17号		研修、技能実習第1号イ又は技能実習第1号ロの表に掲げる不正行為を行い、当該行為に対し地方入国管理局から改善措置を講ずるよう指導を受けた場合は、再発防止に必要な改善措置が講じられていること
第18号		「技能実習第1号イ」の上陸基準省令第21号イから二までに掲げる規定により刑に処せられたことがある場合は、その執行を終わり、又は執行を受けることがなくなった日から5年を経過していること
第18号の2		過去5年間に当該機関の事業活動に関し、外国人に対して不正に在留資格認定証明書の交付、上陸許可、在留資格変更許可等を受けさせる目的で、文書等の偽変造、虚偽文書等の作成、若しくはこれら文書等の行使・所持・提供又はこれら行為の教唆若しくは幇助を行ったことがないこと
第19号	不正行為など欠格事由 (あっせん機関の経営者又は管理者(国・地方公共団体の機関、独立行政法人以外の機関があっせんする場合))	過去5年間に他の機関の経営者、役員又は管理者として外国人の研修又は技能実習の運営又は監理に従事していたことがあり、その従事期間中、当該他の機関が研修、技能実習第1号イ又は技能実習第1号ロの表に掲げる不正行為を行っていた場合は、当該不正行為が終了した日後、それぞれの表に掲げる期間を経過していること ただし、当該不正行為が研修の適正な実施を妨げるものでなかった場合は、この限りでない
第20号	送出し機関、その他経営者等の欠格事由 (送出し機関又はその経営者若しくは管理者)	過去5年間に当該機関の事業活動に関し、外国人に不正に入管法第3章の上陸審査、口頭審理及び異議申出の規定による在留資格認定証明書の交付、上陸許可の証印若しくは許可、同章の上陸特例の規定による上陸許可若しくは入管法第4章の在留、在留資格の変更及び取消若しくは法第5章の退去強制手続の審査、口頭審理及び異議の申出の規定による許可を受けさせ、又は研修、技能実習第1号イ若しくは技能実習第1号ロの表に掲げる不正行為に関する事実を隠蔽する目的で、偽造若しくは変造された文書若しくは図画若しくは虚偽の文書若しくは図画を行使し、又は提供する行為を行ったことがないこと

❶ 不正行為など欠格事由（不正行為の表／上陸基準省令第10〜11号）

　受入れ機関又はその経営者，管理者，研修指導員若しくは生活指導員が過去一定期間内に研修又は技能実習に係る上陸基準省令の表に掲げる"不正行為"を行った場合，その不正行為の内容によって１年間から５年間研修生の受入れを認めないとされている。ただし，地方入国管理局が，不正行為の内容が研修の適正な実施を妨げるものではないと確認した場合は，受入れ停止の処分は免れる。

　新たな研修生の受入れを認めないとする受入れ停止期間は，研修及び技能実習に係る上陸基準省令の各表に表示されている。受入れ停止期間の起算日は，「不正行為が終了した日」である。この「不正行為が終了した日」とは，不正行為が継続的・連続的に行われた場合，その一連の行為の最終日をいう。また，不正行為には暴行・脅迫などの"作為"によるもののほか賃金等の不払いなどの"不作為"によるものがあるが，不作為による場合は，不作為が解消された日が「不正行為の終了した日」となる。例えば，賃金等の不払いの場合，実際に賃金等が支払われて精算されたときに不払いという不作為が解消されたと考えられるため，この精算日が「不正行為の終了した日」となる。受入停止期間を経過し，新たに研修生の受入れを再開しようとする受入れ機関は，再発防止に必要な改善策を提出し，適正な研修の実施が可能かどうか厳格に審査される。

　研修及び技能実習に係る上陸基準省令の表に掲げる"不正行為"として地方入国管理局から認定された受入れ機関は，新たに研修生の受入れを再開しようとする場合，再発防止に必要な改善策を提出し，適正な研修の実施が可能であると判断されるまで研修生の受入れは認められない。研修に係る上陸基準省令の表に掲げる"不正行為"，"受入れ停止期間"に該当する行為は，次のように類型化されている。

図表4-8：不正行為　一覧

不正行為	不正行為の内容（事例）	受入停止期間
1　暴行，脅迫又は監禁	研修生に対する暴行，脅迫又は監禁を行っていた場合	5年間
	（暴行，脅迫又は監禁による研修生の意に反する強制研修）	
2　旅券又は在留カードの取上げ	研修生の旅券や在留カードを取り上げていた場合	5年間
	（逃亡防止のためなどと称して旅券や在留カードを保管）	
3　研修手当の不払い	研修生に対する手当の一部又は全部を支払わなかった場合	5年間
	（研修手当を支払う処遇を契約していながら研修手当を不払い）	
4　人権を著しく侵害する行為	上記1～3の他，研修生の人権を著しく侵害する行為を行っていた場合	5年間
	（研修生からの申告により人権擁護機関における人権侵犯の事実の認定や，研修生の意に反する預金通帳の取上げ）	
5　偽変造文書等の行使・提供	不正行為の事実を隠蔽すること等を目的に，偽変造文書，虚偽文書等の行使又は提供していた場合	5年間
	（地方入国管理局へ申請（以下「申請」という）の際，職歴を偽った文書の作成，偽造した証明文書の提出）	
6　二重契約	研修に係る手当又は実施時間について研修生との間で申請内容と異なる内容の取決めをしていた場合（異なる内容の取決めをした上で申請した場合は上記5の「偽変造文書等の行使・提供」に該当）	3年間
	（申請後，申請の際に提出した処遇概要書よりも低額の研修手当の支払いの合意を別途行う）	
7　研修計画との齟齬	申請の際提出した研修計画と著しく異なる内容の研修を実施し，又は当該計画に基づく研修を実施していなかった場合（研修計画と離齬する研修を行うことを示し合わせて申請した場合は上記5の「偽変造文書等の行使・提供」に該当）	3年間
	（研修生に対し研修計画どおりの研修を行わない，又は当該計画の作業項目のうち大半の項目を実施しない）	

8　名義貸し	申請内容と異なる他の機関に研修を実施させていた場合や，当該他の機関において研修を実施していた場合（他の機関で研修を行うことを示し合わせて申請した場合は上記5の「偽変造文書等の行使・提供」に該当）	3年間
	（申請後，他の機関に研修を実施させることや，他の機関で研修を実施する）	
9　実務研修時間の超過	受入れ機関において，研修計画に定める研修時間を超えて実務研修を実施した場合	3年間
	（実務研修が認められる公的機関において，研修計画に定める実務研修の占める比率である3分の2を超えて実務研修を実施する）	
10　地方入国管理局への報告不履行	研修に係る不正行為を行った場合，又は研修の継続が不可能となる事由が生じていながら地方入国管理局への報告を怠っていた場合	3年間
	（研修生が失踪したのにもかかわらず，これを届け出ることなく失踪した研修生が摘発されて失踪の事実が判明）	
11　行方不明者の多発	研修生（技能実習生を含む）の行方不明者について，その前1年以内に，次表に掲げる受入れ総数に応じた人数以上の行方不明者を発生させた場合 | 受入れ総数	人　数
---	---
50人以上	受入れ総数の5分の1
20人以上49人以下	10人
19人以下	受入れ総数の2分の1 | 研修が研修計画に沿って実施され，研修手当の支払いが契約どおりに行われていることなど，受入れ機関の責めに帰すべき理由がない場合を除く	3年間
	（研修が研修計画に沿っておらず，研修が過重に実施され研修生が逃走）	
12　不法就労者の雇用等	①事業活動に関し外国人に不法就労活動をさせる行為，②外国人に不法就労活動をさせるためにこれを自己の支配下に置く行為，③業として①及び②の行為に関しあっせんする行為のいずれかを行い，唆し，又はこれを助けた場合	3年間
	（不法滞在者，就労可能な在留資格を有していない者，資格外活動について許可を受けていない者を雇用等する）	

13 再度の不正行為	"不正行為"を行い地方入国管理局から改善措置を講ずるよう指導を受けた後，3年以内に再度"不正行為"を行った場合（文書の作成等不履行を除く）	3年間
	（研修計画に記載されていない内容の研修を実施していたとして地方入国管理局から改善措置を講ずるよう指導を受けたにもかかわらず，再度，当該計画に記載されていない内容の研修を実施）	
14 文書の作成等不履行	研修の実施状況に係る文書の作成，備付け又は保存を怠っていた場合	1年間
	（地方入国管理局の実態調査の際，"研修日誌"を確認できない）	

❷ 不正行為など欠格事由（不正行為の表／上陸基準省令第12号）

　受入れ機関又はその経営者，管理者，研修指導員若しくは生活指導員が研修及び技能実習に係る上陸基準省令の表に掲げる"不正行為"を行ったことに対し，地方入国管理局から改善措置を講ずるよう指導を受けた場合，再発防止に必要な改善措置が講じられていなければ，新たな研修生の受入れの再開を認めないとされている。

　不正行為が研修の適正な実施を妨げるものでなかったとして受入れ停止の処分を受けなかった場合であっても，地方入国管理局が必要と判断した場合，改善措置を講ずるよう通知することがある。この場合，通知を受けた受入れ機関は，受入停止の処分を受けた場合と同様に，再発防止に必要な改善策を提出し適正な研修の実施が可能であると判断されるまで研修生の受入れは認められない。

❸ 不正行為など欠格事由（法令違反／上陸基準省令第13号）

　受入れ機関又はその経営者，管理者，研修指導員若しくは生活指導員が入管法，労働基準法，船員法，最低賃金法の規定により処罰の対象となった場合，一定期間研修生の受入れを認めないとされている。

　新たな研修生の受入停止期間は，処罰の対象となった刑の執行を終了した日又は刑の執行を受けることがなくなった日から起算して過去5年間である。

図表４－９：欠格事由となる法令違反行為

法　　令	欠格事由となる法令違反行為
１．入管法	不法就労助長罪及び集団密航等に係る罰則
２．労働基準法	強制労働，賃金の支払いその他の労働基準法上に係る罰則
３．船員法	賠償予定の禁止，給料の支払いその他の船員法上に係る罰則
４．最低賃金法	最低賃金額以上の賃金支払義務に係る罰則

❹ 不正行為など欠格事由（偽変造・虚偽文書,教唆・幇助／上陸基準省令第13号の２）

　受入れ機関又はその経営者，管理者，研修指導員若しくは生活指導員が，外国人に対して不正に在留資格認定証明書の交付や上陸許可を受けさせること等を目的に文書若しくは図画を偽造・変造し，虚偽文書等を作成し，若しくはこれらの文書等を行使・所持・提供又はこれらの行為を教唆し，若しくはこれを幇助した場合，これらの行為が欠格事由とされている。

　「当該機関の事業活動に関し」とは，同一の受入れ機関における行為を対象とする趣旨であるが，他の受入れ機関であっても，社名変更等，実質的に事業の継続性や一体性が認められる場合は，同一機関の行為とみなされる。

　なお，在留資格認定証明書交付申請の時点では，いまだ５年（又は３年，１年）を経過していなくても，処分時において当該年数を経過し，かつ，再発防止に必要な改善措置が講じられていれば交付を受けることができる。

❺ 不正行為など欠格事由（他の機関における不正行為／上陸基準省令第14号）

　不正行為をした受入れ機関の経営者又は管理者が，別の機関に移籍したり新たな機関を設立したりした場合でも，研修生の受入れを認めないとされている。2010年（平成22年）７月の入管法改正に当たり定められた上陸基準省令に新たに規定されている。入管法改正前は，不正行為の認定を受けた受入れ機関の経営者又は管理者が別の機関に移籍したり，新たな機関を設立したりして研修生の受入れのための申請がされた場合，厳格な審査が実施されていた。

この規定により，研修生の受入れのための申請をした受入れ機関の経営者等が，過去5年間に他の機関の経営者，役員若しくは管理者として，研修又は技能実習の運営・監理の業務に従事しており，その業務に従事している期間中に研修又は技能実習に係る上陸基準省令の表に掲げる"不正行為"を行っていた場合，その不正行為の内容によって1年間から5年間研修生の受入れは認められない。ただし，地方入国管理局が，不正行為の内容が研修の適正な実施を妨げるものではないと確認した場合は，受入れ停止の処分は免れる。

　なお，在留資格認定証明書交付申請の時点では，いまだ5年（又は3年，1年）を経過していなくても，処分時において当該年数を経過し，かつ，再発防止に必要な改善措置が講じられていれば交付を受けることができる。

図表4－10：過去5年間の期間の基準

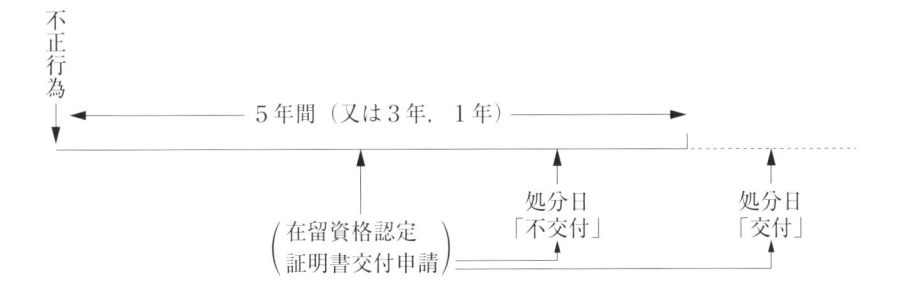

6　不正行為など欠格事由（不正行為の表／上陸基準省令第16～17号）

　国若しくは地方公共団体の機関又は独立行政法人以外の機関が研修生のあっせんを行う場合，あっせん機関又はその経営者，管理者若しくは常勤職員が過去一定期間内に研修又は技能実習に係る上陸基準省令の表に掲げる"不正行為"を行った場合，その不正行為の内容によって1年間から5年間研修生の受入れを認めないとされている。ただし，地方入国管理局が，不正行為の内容が研修の適正な実施を妨げるものではないと認定した場合は，受入停止の処分は免れる（上陸基準省令第10～11号参照）。

また，研修及び技能実習に係る上陸基準省令の表に掲げる"不正行為"を行ったことに対し，地方入国管理局から改善措置を講ずるよう指導を受けた場合，再発防止に必要な改善策を提出し，適正な研修の実施が可能であると判断されるまで研修生の受入れは認められない（上陸基準省令第12号参照）。

❼ 不正行為など欠格事由（法令違反／上陸基準省令第18号）

　国若しくは地方公共団体の機関又は独立行政法人以外の機関が研修生のあっせんを行う場合，あっせん機関又はその経営者，管理者若しくは常勤職員が入管法，労働基準法，船員法，最低賃金法の規定により処罰の対象となった場合，一定期間研修生の受入れを認めないとされている。

　新たな研修生の受入れ停止期間は，処罰の対象となった刑の執行を終了した日又は刑の執行を受けることがなくなった日から起算して過去5年間である（上陸基準省令第13号参照）。

❽ 不正行為など欠格事由(偽変造・虚偽文書，教唆・幇助／上陸基準省令第18号の2)

　国若しくは地方公共団体の機関又は独立行政法人以外の機関が研修生のあっせんを行う場合，あっせん機関又はその経営者，管理者若しくは常勤職員が，外国人に対して不正に在留資格認定証明書の交付や上陸許可を受けさせること等を目的に文書若しくは図画を偽造・変造し，虚偽文書等を作成し，若しくはこれらの文書等を行使・所持・提供し又はこれらの行為を教唆し，若しくはこれを幇助した場合，これらの行為が欠格事由とされている。

　「当該機関の事業活動に関し」とは，同一のあっせん機関における行為を対象とする趣旨であるが，他のあっせん機関であっても，社名変更等，実質的に事業の継続性や一体性が認められる場合は，同一機関の行為とみなされる。

　なお，在留資格認定証明書交付申請の時点では，いまだ5年（又は3年，1年）を経過していなくても，処分時において当該年数を経過し，かつ，再発防止に必要な改善措置が講じられていれば交付を受けることができる。

⑨ 不正行為など欠格事由（他の機関における不正行為／上陸基準省令第19号）

　国若しくは地方公共団体の機関又は独立行政法人以外の機関が研修生のあっせんを行う場合，その機関の経営者又は管理者が，かつて他の機関において研修又は技能実習にかかわる不正行為をしているときは研修生の受入れを認めないとされている。

　この規定により，研修生の受入れについて，あっせん機関の経営者等が過去5年間に他の機関の経営者，役員若しくは管理者として，研修又は技能実習の運営・監理の業務に従事しており，その業務に従事している期間中に研修又は技能実習に係る上陸基準省令の表に掲げる"不正行為"を行っていた場合，その不正行為の内容によって1年間から5年間研修生の受入れは認められない。ただし，地方入国管理局が，不正行為の内容が研修の適正な実施を妨げるものではないと認定した場合は，受入れ停止の処分は免れる（上陸基準省令第14号参照）。

⑩ 送出し機関，その他経営者等の欠格事由（上陸基準省令第20号）

　送出し機関又はその経営者若しくは管理者が，外国人に対して不正に在留資格認定証明書の交付や上陸許可を受けさせること，又は技能実習若しくは研修の表に掲げる不正行為の事実を隠蔽すること等を目的に偽変造文書，虚偽文書等の行為を行った場合，これらの行為が欠格事由とされている。

　「当該機関の事業活動に関し」とは，同一の送出し機関における行為を対象とする趣旨であるが，他の送出し機関であっても，社名変更等，実質的に事業の継続性や一体性が認められる場合は，同一機関の行為とみなされる。

　なお，在留資格認定証明書交付申請の時点では，いまだ5年（又は3年，1年）を経過していなくても，処分時において当該年数を経過し，かつ，再発防止に必要な改善措置が講じられていれば交付を受けることができる。

図表4−11：送出し機関，その他経営者等の欠格事由

```
送出し機関又はその経営者
若しくは管理者
    │
 （過去5年間）
    │
以下を目的とした偽変造文書,
虚偽文書等の行為を行った場合
   ├─────────────────┬─────────────────┤
外国人に対し不正に在留資格        技能実習又は研修の表に
認定証明書の交付や               掲げる不正行為の事実を
上陸許可を受けさせること          隠蔽すること　等
```

図表4−12：研修における不正行為・欠格事由　概略図

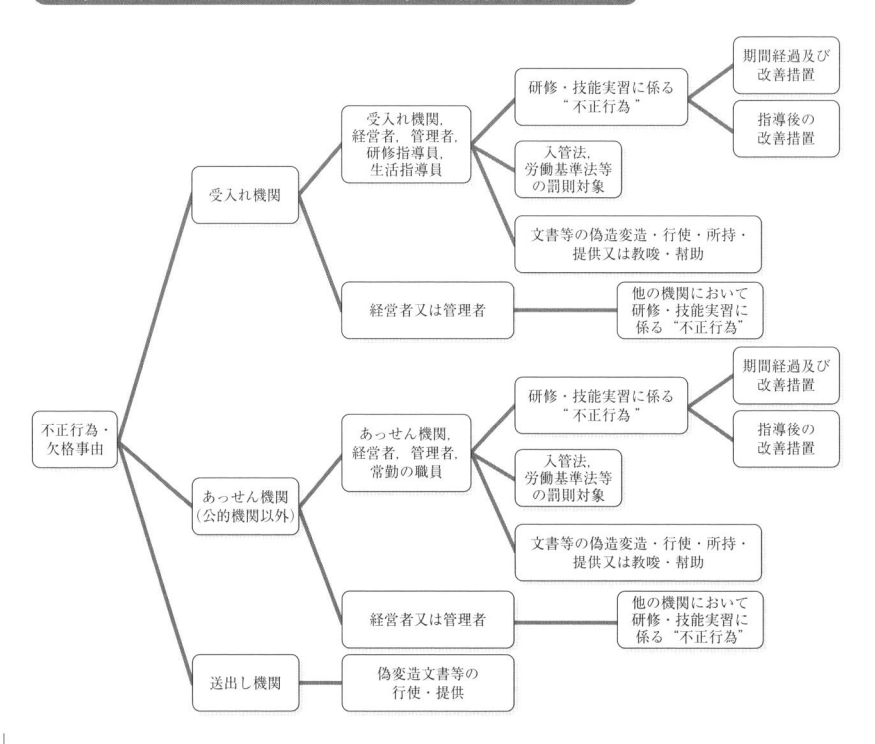

```
不正行為・     ┬─ 受入れ機関 ─┬─ 受入れ機関, ──┬─ 研修・技能実習に係る ─┬─ 期間経過及び
欠格事由      │              │   経営者,      │   "不正行為"           │   改善措置
              │              │   管理者,      │                        └─ 指導後の
              │              │   研修指導員,  │                            改善措置
              │              │   生活指導員   ├─ 入管法,
              │              │                │   労働基準法等
              │              │                │   の罰則対象
              │              │                └─ 文書等の偽造変造・行使・所持・
              │              │                    提供又は教唆・幇助
              │              └─ 経営者又は管理者 ── 他の機関において
              │                                     研修・技能実習に
              │                                     係る"不正行為"
              │
              ├─ あっせん機関 ─┬─ あっせん機関, ┬─ 研修・技能実習に係る ─┬─ 期間経過及び
              │  (公的機関以外) │   経営者,      │   "不正行為"           │   改善措置
              │                 │   管理者,      │                        └─ 指導後の
              │                 │   常勤の職員   │                            改善措置
              │                 │                ├─ 入管法,
              │                 │                │   労働基準法等
              │                 │                │   の罰則対象
              │                 │                └─ 文書等の偽造変造・行使・所持・
              │                 │                    提供又は教唆・幇助
              │                 └─ 経営者又は管理者 ── 他の機関において
              │                                        研修・技能実習に
              │                                        係る"不正行為"
              │
              └─ 送出し機関 ── 偽変造文書等の
                                行使・提供
```

第4章　在留資格「研修」に係る入管手続

52

第5章 在留資格「技能実習1号イ」に係る入管手続

第1 在留資格「技能実習1号イ」に係る「在留資格該当性」

1 「公私の機関」に係る在留資格該当性

❶ 実習実施機関の積極的な体制

　在留資格「技能実習」は，入管法により「本邦の公私の機関との雇用契約に基づいて当該機関の本邦にある事業所の業務に従事して行う技能，技術若しくは知識の修得をする活動」に該当する活動でなければならない。この「公私の機関」は，技能実習生を受け入れて自らの指導の下に技能実習を実施する実習実施機関であり，そのための技能等を教える積極的な体制を整えていることが必要である。

　積極的な体制とは，技能実習生が技能等を修得するための生産機械，設備，講習の実施場所などの物的条件のほか，技能等について十分な知識と経験を有する指導員などの人的条件が整っている必要がある。さらに技能実習実施のための技能実習カリキュラムの策定や技能実習施設の確保，生活指導などを行う事務的な体制の整備も要する。

図表5-1：実習実施機関の積極的体制

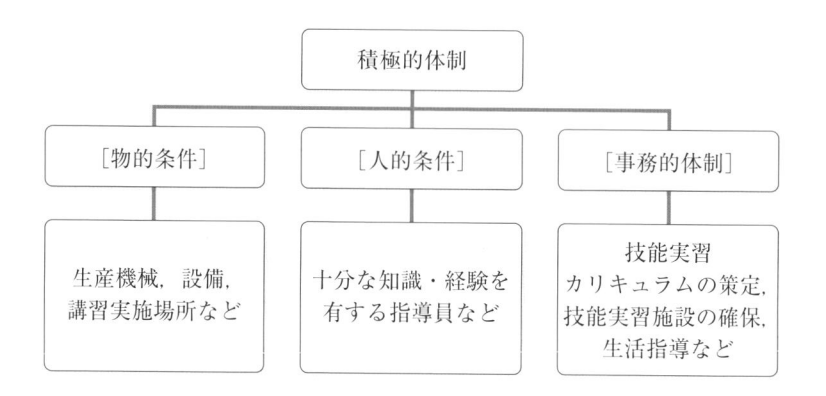

```
            積極的体制
    ┌──────────┼──────────┐
 [物的条件]   [人的条件]   [事務的体制]
 生産機械，設備， 十分な知識・経験を  技能実習
 講習実施場所など 有する指導員など   カリキュラムの策定，
                            技能実習施設の確保，
                            生活指導など
```

❷ 受入れ機関の財務状況

　技能実習事業を継続していくに当たっては，技能実習生を受け入れる実習実施機関の経営が安定して継続していくことが必要である。

　実習実施機関の財務状況は，貸借対照表及び損益計算書などの決算関連資料により，技能実習を実施するに足りる経済活動の実態を有しているか否かにより判断される。そのため，単に収益が上がっていない赤字決算の場合であっても，財務上危機的状況にある場合は別として，技能実習生の受入れを認められないとするものではない。

2 「外国にある事業所」に係る在留資格該当性

❶ 「技能実習1号イ」（企業単独型）の送出し機関

　在留資格「技能実習1号イ」の企業単独型の技能実習生の送出し機関である所属機関は，入管法により「本邦の公私の機関の外国にある事業所」又は「本邦の公私の機関と法務省令で定める事業上の関係を有する外国の公私の機関の外国にある事業所」と規定され，省令については，外国機関省令（出

入国管理及び難民認定法別表第1の2の表の技能実習の項の下欄に規定する事業上の関係を有する外国の公私の機関を定める省令）において規定されている。

在留資格「技能実習1号イ」の在留資格該当性を判断する上で，技能実習生の送出し機関である所属機関と実習実施機関との関係性を有することが必要であり，これらをまとめると次の図表のようになる。

図表5−2：企業単独型の送出し機関

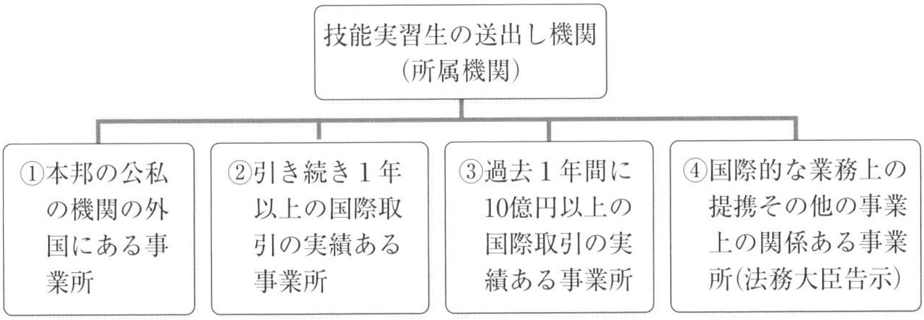

技能実習生の送出し機関
（所属機関）

① 本邦の公私の機関の外国にある事業所
② 引き続き1年以上の国際取引の実績ある事業所
③ 過去1年間に10億円以上の国際取引の実績ある事業所
④ 国際的な業務上の提携その他の事業上の関係ある事業所（法務大臣告示）

❷ 企業内転勤と同範囲の「外国にある事業所」

「本邦の公私の機関の外国にある事業所」は，入管法により「本邦に本店，支店その他の事業所のある公私の機関の外国にある事業所」と規定されている。

「外国にある事業所」の範囲は，日本の公私の機関の外国にある支店，現地法人，合弁企業が挙げられ，在留資格「企業内転勤」として，職員を日本に転勤させることができる「外国の事業所」の範囲と同様である。

図表5−3：「外国にある事業所」の範囲

技能実習1号イ（企業単独型）		企業内転勤
「本邦の公私の機関の外国にある事業所」	＝	「本邦に本店，支店その他の事業所のある公私の機関の外国にある事業所」

❸ 国際取引実績等を基準とする外国機関省令

「本邦の公私の機関と法務省令で定める事業上の関係を有する外国の公私の機関の外国にある事業所」については，出入国管理及び難民認定法別表第1の2の表の技能実習の項の下欄に規定する事業上の関係を有する外国の公私の機関を定める省令（以下，「外国機関省令」という。）において規定されており，一定程度の国際取引の実績等を基準としている。

外国機関省令では，次の各号のいずれかに該当する「外国の公私の機関の外国にある事業所」としている。

図表5－4：外国機関省令1号及び2号

外国機関省令
1　技能実習生を雇用契約に基づいて受け入れる本邦の公私の機関と引き続き1年以上の国際取引の実績又は過去1年間に10億円以上の国際取引の実績を有する機関
2　前号に掲げるもののほか，技能実習生を雇用契約に基づいて受け入れる本邦の公私の機関と国際的な業務上の提携を行っていることその他の事業上の関係を有する機関であって，法務大臣が告示をもって定めるもの

3 「外国にある事業所」に係る外国機関省令

❶ 外国機関省令第1号

技能実習の実施は，本来，取引先商品の品質が向上する等により，実習実施機関に利益をもたらすなどの合理的理由があることが必要である。そのため「引き続き1年以上の国際取引の実績」とは，取引金額の多寡について具体的な基準はなく，取引の内容と技能実習の内容との"関連性"や取引を継続的に保っているかの"継続性"などが審査される。

「過去1年間に10億円以上の国際取引の実績」ついては，1回限りの取引であってもその額が10億円以上であれば，技能実習制度の必要を鑑み外国機関省令第1号に該当する。ただし，取引の内容と技能実習の内容との"関連性"などが審査される。

図表5-5：外国機関省令第1号の審査ポイント

「引き続き1年以上の国際取引の実績」	・取引金額の多寡について具体的な基準なし ・取引の内容と技能実習の内容との"関連性" ・取引を継続的に保っているかの"継続性"　等
「過去1年間に10億円以上の国際取引の実績」	・1回限りの取引でも10億円以上であれば該当 ・取引の内容と技能実習の内容との"関連性"　等

❷ 外国機関省令第2号

　国際取引の実績が外国機関省令第1号に定める基準に達しない場合であっても，今後の関係強化が見込まれるなど，本邦において技能実習を実習することに"合理性"が認められる場合に該当する。

　外国機関省令第2号では，法務大臣が告示で定める外国の公私の機関について，入管法施行規則第64条第1項による次の2つのいずれの要件も満たしていることが必要であり，いずれも"合理的"な理由が求められる。

図表5-6：外国機関省令2号の該当性

入管法施行規則第64条（法務大臣告示）
1　実習実施機関と外国機関が業務上の提携を行っていることその他実習実施機関が外国機関から技能実習生を受け入れる合理的な理由があること
2　外国機関が実習実施機関に技能実習生を派遣することについて，技能実習により修得される技能等の移転が外国機関の事業上有益であることその他合理的な理由があること

法務大臣の告示を行うに当たり「合理的な理由があること」についての判断は、入管法施行規則第64条第2項では「外国人の技能実習に係る専門的評価を行うことができる法人による評価を参考とすることができる」と規定されている。この"技能実習評価"を行うことができる法人としては、JITCOが代表例である。

　JITCOでは、技能実習生を受け入れる監理団体、実習実施機関を支援するため、自主事業として"外国人技能実習生受入れ事業の評価・認定"事業を行っており、評価・認定の透明性及び公平性を保つために基準等を定め、有識者等による評価委員会において総合的に判断している。法務大臣の告示では、技能実習評価として"JITCOの評価・認定"を参考にしているが、必ずしも"JITCOの評価・認定"が義務付けられているわけではない。

　入管法施行規則第64条第3項では、法務大臣の告示に当たり参考とすることができる"技能実習評価"ができる法人の要件として、第1号から第14号まで規定されている。これらは、技能実習評価事業の公正な運営を確保するため営利を目的としないことのほか、技能実習について利害関係を有しないこと、技能実習に係る不正行為を行ったことがある者がいないことなどが定められている。

図表5－7：JITCOによる"外国人技能実習生受入れ事業の評価・認定"事業

「技能実習に係る専門的評価を行うことができる法人」 ⇒ ［代表例］公益財団法人 国際研修協力機構（JITCO）"外国人技能実習生受入れ事業の評価・認定"事業

4　「雇用契約」に係る在留資格該当性

❶ 技能実習、講習と雇用契約の関係

　技能実習制度は、技能実習生と本邦の公私の機関との雇用契約に基づいた

技能，技術若しくは知識の修得活動である。そのため，雇用契約については，本邦に入国する前に締結する必要がある。しかし，技能実習制度に義務付けられている講習は，必ずしも雇用契約を前提にしているものではなく，雇用契約に基づかない講習の実施も在留資格該当性が認められる。

具体的には，技能実習生が在籍出向として所属機関から出張扱いで本邦に入国し，又は移籍出向として所属機関と雇用契約を解約して本邦に入国した場合において，本邦の公私の機関との雇用契約の始期より前に講習を実施する場合である。

また，在留資格「技能実習1号イ」の入管法は，括弧書きとして「これらの職員がこれらの本邦の公私の機関の本邦にある事業所に受け入れられて行う当該活動に必要な知識の修得をする活動を含む。」とし，技能等の修得活動期間中，当該活動に必要な知識の修得活動である講習の実施を想定して規定されている。そのため，雇用契約に基づく技能等の修得活動期間中に講習を受講することも認められている。

図表5－8：技能等の修得活動・当該活動に必要な知識の修得をする活動と雇用契約

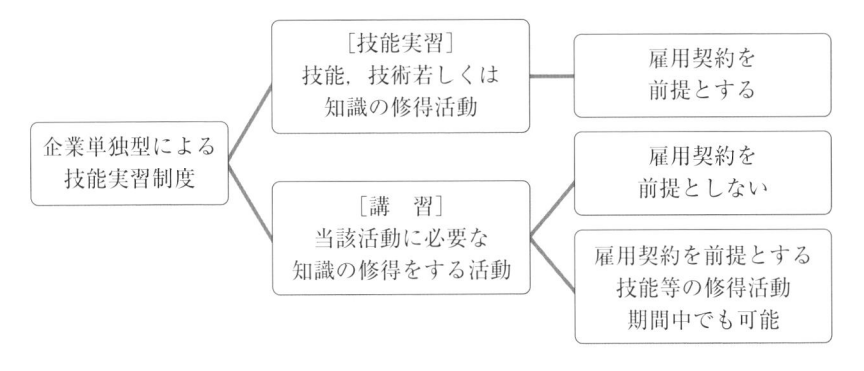

```
                    ┌─[技能実習]─────────── 雇用契約を
                    │ 技能，技術若しくは      前提とする
企業単独型による ───┤ 知識の修得活動
技能実習制度        │
                    │                         雇用契約を
                    └─[講　習]──────────── 前提としない
                      当該活動に必要な
                      知識の修得をする活動    雇用契約を前提とする
                                              技能等の修得活動
                                              期間中でも可能
```

5 「技能，技術若しくは知識」に係る在留資格該当性

❶ 技能実習生が修得する「技能，技術若しくは知識」の種類

　技能実習生が修得する技能，技術又は知識は，その技能等を本邦における技能実習活動により修得し，これを本国に移転することを目的とするもので，帰国後にその修得した技能等を要する業務に従事することが予定されていることを要する。これは，外国人技能実習制度が，日本が先進国としての役割を果たしつつ国際社会との調和ある発展を図っていくため，技能等の開発途上国への移転を図り，開発途上国等の経済発展を担う人材育成に協力することを基本理念としているからである。

　技能等の種類については，後述する上陸基準省令第2号においても，「申請人が修得しようとする技能，技術又は知識が同一の作業の反復のみによって修得できるものではないこと」とされていて，単純労働的な作業は在留資格該当性を満たさない。

第2　在留資格「技能実習1号イ」に係る「上陸基準適合性」

1 申請人（技能実習生）に係る上陸基準省令

| 第1号 | 技能実習生の身分 | 外国にある事業所の常勤の職員であり，かつ，当該事業所から転勤し，又は出向する者であること |

第3号	年齢及び修得した技能等の帰国後の活用	18歳以上であり，かつ，国籍又は住所を有する国に帰国後本邦において修得した技能等を要する業務に従事することが予定されていること

❶ 技能実習生の身分（上陸基準省令第1号）

技能実習生が派遣機関の所属企業において常勤の職員であること，申請人が本邦において転勤又は出向の形態で活動することとされている。

なお，派遣機関の所属企業とは，「本邦の公私の機関の外国にある事業所」又は「本邦の公私の機関と法務省令で定める事業上の関係を有する外国の公私の機関の外国にある事業所」をいう。

図表5-9：技能実習生の身分

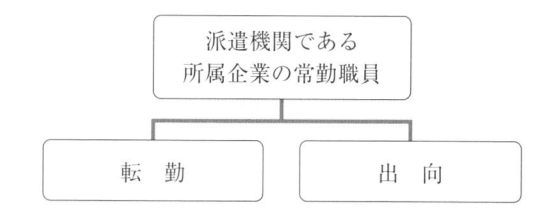

```
         派遣機関である
         所属企業の常勤職員
         ┌──────┴──────┐
       転 勤         出 向
```

❷ 年齢及び修得した技能等の帰国後の活用（上陸基準省令第3号）

技能実習による技能等の移転を確保するとされている。帰国後に本邦における技能実習の成果が十分にいかせることが，派遣状や復帰予定証明書等により客観的に認められることが必要である。

申請人の本国での職業と無関係な職種に係る技能実習は，原則として，帰国後において修得した技能等を要する業務に従事することが予定されているとはいえないため，申請人に係る上陸基準適合性は認められない。

2 技能等に係る上陸基準省令

第2号	技能等の種類	申請人が修得しようとする技能，技術又は知識が同一の作業の反復のみによって修得できるものではないこと
第4号	技能等の現地修得困難	申請人が住所を有する地域において修得することが不可能又は困難である技能等を修得しようとすること

❶ 技能等の種類（上陸基準省令第2号）

　同一作業の繰返しのみによって修得できる内容の技能実習は認めないとされている。単純作業や非熟練作業を技能実習として行うことを目的とした場合，技能等に係る上陸基準適合性は認められない。

❷ 技能等の現地修得困難（上陸基準省令第4号）

　本邦で行う必要性のある技能実習に限るとされている。技能実習生の受入れは，本邦から発展途上国などの外国への技術移転を図ることを目的とするものであり，外国人が修得しようとする技能等が自国において修得可能であれば，本邦において技能実習を実施する必要性がないため，技能等に係る上陸基準適合性認められない。ただし，住所を有する地域において修得することが可能又は容易である職種であっても，日本においてより高度な，より精密な技能等の修得を目的とする場合は，上陸基準適合性が認められる。

　また，外国特有の技能等を日本で修得することを目的とする場合，本来はその技能等は日本以外の国で修得されるべきものであるため，特段の事情がない限り，そのような技能等の修得を目的とする場合には上陸基準適合性は認められない。

図表5−10：技能等に係る上陸基準省令

```
技能等の種類 ─┬─ 同一作業の繰返しのみによって
              │   修得できる内容の技能実習ではないこと
              │
              └─ 住所を有する地域において修得することが
                  不可能又は困難である技能等であること
```

3 保証金・違約金徴収契約に係る上陸基準省令

第5号	保証金・違約金徴収の禁止	申請人又はその配偶者、直系若しくは同居の親族その他申請人と社会生活において密接な関係を有する者が、技能実習に関連して、次に掲げるいずれの機関からも保証金を徴収されていないこと、その他名目のいかんを問わず金銭その他の財産を管理されておらず、かつ、当該技能実習が終了するまで管理されないことが見込まれることのほか、当該機関との間で、労働契約の不履行に係る違約金を定める契約その他の不当に金銭その他の財産の移転を予定する契約が締結されておらず、かつ、当該技能実習が終了するまで締結されないことが見込まれること イ　送出し機関 ロ　実習実施機関
第6号	違約金等徴収の禁止	実習実施機関と送出し機関の間で、本邦において申請人が従事する技能実習に関連して、労働契約の不履行に係る違約金を定める契約その他の不当に金銭その他の財産の移転を予定する契約が締結されておらず、かつ、当該技能実習が終了するまで締結されないことが見込まれること

❶ 保証金・違約金徴収契約の禁止（上陸基準省令第5号）

技能実習生の失踪防止等を目的として、技能実習生本人又は当該技能実習

生と社会生活において密接な関係を有する者と，送出し機関又は実習実施機関との間で保証金や違約金の支払いを定める契約などを禁止するとされている。「社会生活において密接な関係を有する者」とは，具体的には技能実習生の配偶者，親族，その他友人や職場の上司などをいう。

「金銭その他の財産を管理」とは，技能実習期間中，送出し機関等が保証金を徴収して保管する場合や，不動産の権利証を保管する場合などが該当する。

「不当に金銭その他の財産の移転を予定する契約」とは，技能実習生が地方入国管理局や労働基準監督署等へ受入機関等の不正行為を通報することを禁止し，あるいは技能実習生の行動を違法に制約し，これら不当な制約に反した場合に違約金を徴収することを定める契約などが該当する。

また，保証金，違約金の名称を用いないが，実質的にこれと同様に金銭の支払い，不動産の移転することを内容とする契約，覚書等が結ばれていれば，これも不正行為に該当する。

なお，パスポートの取得に要した費用など，送出し機関が技能実習生から手数料を徴収することは，社会通念上，技能実習生が負担することについて合理的な理由が認められる場合に限り許容される。

図表5-11：保証金・違約金徴収の禁止の関係

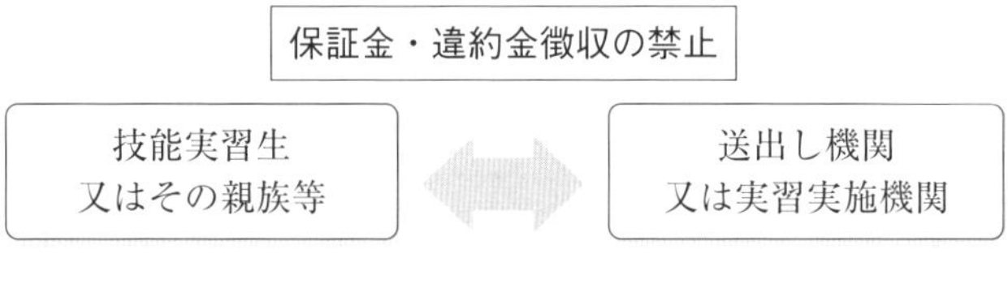

保証金・違約金徴収の禁止

技能実習生又はその親族等 ⇔ 送出し機関又は実習実施機関

❷ 違約金等徴収の禁止（上陸基準省令第6号）

技能実習生が失踪したことなどにより技能実習事業の運営に支障が生じた場合等に，実習実施機関が送出し機関から違約金を徴収する内容の契約などを禁止するとされている。

実習実施機関と送出し機関との間で違約金の支払を定めるような契約が締結されている場合，違約金を払う機関が技能実習生から渡日前に高額な保証金等を徴収するおそれがあり，これを防止するためである。

　なお，現実に生じた損害については，賠償請求を禁止するものではない（労働基準法第16条）。

図表5－12：違約金徴収契約の禁止の機関相互の関係

違約金徴収契約の禁止

実習実施機関 ⇔ 送出し機関

4 講習に係る上陸基準省令

| 第7号 | 講習（座学）の実施 | 実習実施機関が次に掲げる要件に適合する講習を座学（見学を含む）により実施すること
イ　講習の科目が次に掲げるものであること
　(1)　日本語
　(2)　本邦での生活一般に関する知識
　(3)　入管法，労働基準法その他技能実習生の法的保護に必要な情報（専門的な知識を有する者が講義を行うものに限る）
　(4)　(1)から(3)までに掲げるもののほか，本邦での円滑な技能等の修得に資する知識
ロ　実習実施機関が本邦において実施する講習の総時間数が，申請人が本邦において活動（技能実習）に従事する予定の時間全体の6分の1以上であること。ただし，申請人が次のいずれかに該当する講習又は外部講習を受けた場合は，12分の1以上であること。なお，講習時間の算定に当たっては，1日の講習の実施時間が8時間を超える場合にあっては，8時間とする。
　(1)　過去6月以内に実習実施機関が本邦外において実施したイの(1)，(2)又は(4)の科目に係る講習で，1月以上の期間を有し，かつ，160時間以上の課程を有するもの
　(2)　過去6月以内に外国の公的機関若しくは教育機関 |

| | | 又は第1号に規定する本邦若しくは外国の公私の機関が申請人の本邦において従事しようとする技能実習に資する目的で本邦外において実施したイの(1),(2)又は(4)の科目に係る外部講習（座学（見学を含む）によるものに限る）で，1月以上の期間を有し，かつ，160時間以上の課程を有するもの（実習実施機関においてその内容が講習と同等以上であることを確認したものに限る） |
| | | ハ 本邦における講習が，申請人が本邦において活動（技能実習）に従事する期間内に行われること。ただし，イの(3)の科目に係る講習については，申請人が実習実施機関において講習以外の技能等の修得活動を実施する前に行われること |

❶ 講習の実施（講習内容）（上陸基準省令第7号イ）

　実習実施機関等が実施する講習の内容について規定されている。講習はいわゆる座学によることを基本とし，商品を生産しない場合であっても，商品を生産する施設での機械操作や試作品の製造などの訓練は講習に含まれないが，技能実習を実施する施設等の見学は，講習の一部であることを前提としている場合に限り許容される。

　第7号イ(1)〜(4)の講習は，全て実施しなければならない。各科目の時間数やその割合については，技能実習生の個々の能力や技能等を修得するために必要な知識の程度によってそれぞれの科目の必要な時間数が異なることから，実習実施機関において適宜定めることができるが，極端に講義時間数が少ない場合は，講義内容が不十分として指導の対象となる。

　第7号イ(3)の括弧書き「専門的な知識を有する者」とは，入管法令，労働関係法令の技能実習生の法的保護に必要な情報について十分な知識を有すると認められる者で，具体的には弁護士，社会保険労務士，行政書士などが該当する。「技能実習1号イ」では，実習実施機関の所属職員も認められるが，職歴や受講歴等により法的保護に必要な情報について十分な知識を有するかどうかを判断される。

　第7号イ(4)の「本邦での円滑な技能等の修得に資する知識」とは，具体的

に機械の構造や操作に関する知識が該当するが，これら以外にも技能実習への心構えや企業内における規律等が該当する。また，技能実習を実施する施設等の見学は，この科目に該当する。

図表5－13：講習内容

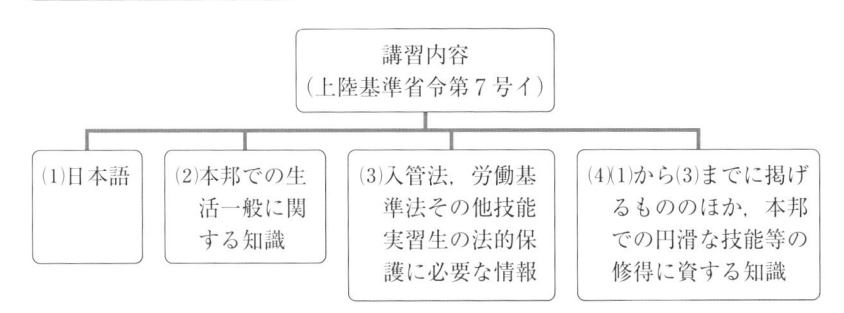

```
              講習内容
        （上陸基準省令第7号イ）
    ┌──────┬──────┼──────┬──────┐
  (1)日本語  (2)本邦での生  (3)入管法，労働基  (4)(1)から(3)までに掲げ
           活一般に関   準法その他技能   るもののほか，本邦
           する知識     実習生の法的保   での円滑な技能等の
                      護に必要な情報   修得に資する知識
```

❷ 講習の実施（講習時間）（上陸基準省令第7号ロ）

　実習実施機関等が実施する講習の時間について規定されている。講習は，技能実習生が技能実習1号イにかかる技能実習の活動に従事する予定の時間全体の6分の1以上行うことが義務付けられている。

　技能実習の前提条件として定められている講習の受講は，原則として，技能実習生が本邦に入国後に行われる。しかし，上陸基準省令では技能実習の効率性を考慮し，一定要件の入国前の講習が実施されていれば，本邦入国後の講習時間"6分の1以上"の基準を"12分の1以上"に短縮することを認めている。入国前の講習の要件は，申請人が上陸基準省令第7号ロ(1)(2)のいずれかに該当する本邦入国前の講習又は外部講習を受講することである。講習時間の算定に当たっては，1日の講習の実施時間が8時間を超える場合，8時間として計算する。

図表5-14：上陸基準省令第7号ロ(1)(2)

入国前の講習
1　過去6月以内に実習実施機関が本邦外において実施したイの(1)，(2)又は(4)の科目に係る講習で，1月以上の期間を有し，かつ，160時間以上の課程を有するもの
2　過去6月以内に外国の公的機関（※1）若しくは教育機関（※2）又は第1号に規定する本邦若しくは外国の公私の機関が申請人の本邦において従事しようとする技能実習に資する目的で本邦外において実施したイの(1)，(2)又は(4)の科目に係る外部講習（座学（見学を含む）によるものに限る）で，1月以上の期間を有し，かつ，160時間以上の課程を有するもの（実習実施機関においてその内容が講習と同等以上であることを確認したものに限る）

※1　外国の公的機関とは，外国の国又は地方公共団体の機関をいう。
※2　外国の教育機関とは，外国の国・地域における学校教育制度に照らして正規の教育機関として認定されており，原則として，義務教育修了後に入学するものをいう。

　上陸基準省令では，実習実施機関が実施主体となるものを"講習"とし，実習実施機関以外の機関が実施主体となるものを"外部講習"としている。実習実施機関が自ら実施する入国前の"講習"は，技能実習生を受け入れる企業等の職員が海外に出張するなどして外国にある事業所等において実施する講習である。

　実習実施機関以外の機関が実施主体となる"外部講習"は，外国の公的機関，教育機関又は出向元となる所属機関が技能実習に役立つ目的で実施される講習である。"外部講習"の内容については"講習"の内容と同等以上であることが必要であり，実習実施機関は，カリキュラムや教材等により確認しなければならない。

　なお，実習実施機関が実施主体となる"講習"と実習実施機関以外の機関が実施主体となる"外部講習"は，他の機関に外部委託する場合も含まれる。これらをまとめると次の図表のようになる。

図表5−15：海外における入国前研修

講習実施主体	海外における入国前講習				
	講習	外部講習		
	実習実施機関	外国の公的機関	外国の教育機関	外国の所属機関
実施期限	過去6月以内			
講習目的	技能実習に資する			
講習科目	イの(1)、(2)又は(4)			
講習形式	座学（見学を含む）によるものに限る			
実施期間・時間	1月以上の期間を有し、かつ、160時間以上			
講習の確認	—	実習実施機関においてその内容が講習と同等以上であることを確認したものに限る		
講習の委託	外部委託可能			

③ 講習の実施（講習時期）（上陸基準省令第7号ハ）

　実習実施機関等が実施するイの(3)「入管法、労働基準法その他技能実習生の法的保護に必要な情報」の科目に係る講習の時期について規定されている。

　実習実施機関に受け入れられたばかりの技能実習生は、雇用契約に基づかない出張の状態や、実習実施機関と雇用契約に基づく転勤又は出向の状態である。企業単独型の技能実習制度が入国当初から雇用契約に基づく場合、講習の実施時期については技能等の修得活動の期間中に実施すればよく、入国当初から実施する必要はない。しかし、イの(3)「入管法、労働基準法その他技能実習生の法的保護に必要な情報」の科目に係る講習については除外されているため、技能等の修得活動の前に実施しなければならない。

　なお、企業単独型の技能実習制度の講習が本邦に入国当初から実習実施機関と雇用契約に基づかない場合、イの(3)以外の全ての講習科目についても技能等の修得活動の前に実施しなければならない。

図表5-16：講習の実施時期

実習実施機関と雇用契約に基づく講習	・「入管法，労働基準法その他技能実習生の法的保護に必要な情報」の講習科目のみ，技能等の修得活動の前に実施
実習実施機関と雇用契約に基づかない講習	・全ての講習科目について，技能等の修得活動の前に実施

5 報酬に係る上陸基準省令

第8号	報酬額	申請人に対する報酬が，日本人が従事する場合の報酬と同等額以上であること

1 報酬の範囲（上陸基準省令第8号）

　実習実施機関が技能実習生に対して支払う報酬，賃金，給与等について定めるとされている。上陸基準省令でいう「報酬」とは，報酬，賃金，給与，給料，賞与その他名称にかかわらず，一定の役務の給付の対価として与えられる反対給付，すなわち労働の対価として支払われる金銭等をいう。通勤手当や扶養手当，住宅手当等は，実費弁償の性格を有する金銭のため，ここでいう報酬には含まれない。

　報酬の月額は，実際に毎月1回支払われる月額給与に限らず，賞与等を含めた1年間業務に従事した場合に支払われる報酬の総額の12分の1をいう。

図表5－17：報酬の該当性

報酬に該当	・報酬，賃金，給与，給料，賞与その他名称にかかわらず，労働の対価として支払われる金銭等 ・毎月1回の月額給与に限らず，賞与等を含めた1年間業務に従事した場合に支払われる報酬の総額の12分の1
報酬非該当	・通勤手当，扶養手当，住宅手当等は，実費弁償の性格を有する金銭のため，報酬には含まれない

「日本人が従事する場合の報酬と同等額以上」は，個々の企業の賃金体系を基礎に日本人と同等以上であるか，また他の企業の同種の職種の賃金を参考にして日本人と同等額以上であることを要する。そのため，報酬額を一定額として一律に規定されているわけではない。外国人が大卒であればその企業の日本人の大卒者の賃金を参考にし，また，専門職，研究職等であれば，その企業の日本人の専門職，研究職等の賃金によって判断されるが，労働の対価として支払われる報酬は，労働の質，技能等能力の程度，業務遂行上の責任の度合等を総合して決定されるものであり，単に学歴，年齢のみによって決定されるものでないことは言うまでもない。

なお，報酬額は，法令で規定される最低賃金額以上であることが必要であり，賃金について定められた労働基準法その他労働関係法令の規定に適合していなければならない。

図表5－18：報酬額の参考及び労働関係法令

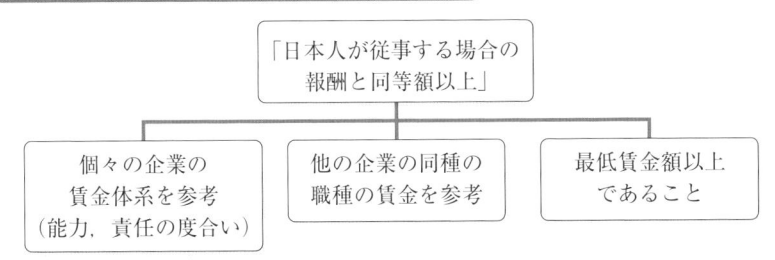

「日本人が従事する場合の報酬と同等額以上」
- 個々の企業の賃金体系を参考（能力，責任の度合い）
- 他の企業の同種の職種の賃金を参考
- 最低賃金額以上であること

6 指導員に係る上陸基準省令

第9号	技能実習指導員	申請人が従事しようとする技能実習が，実習実施機関の常勤の職員で修得しようとする技能等について5年以上の経験を有する技能実習指導員の指導の下に行われること
第10号	生活指導員	実習実施機関に申請人の生活の指導を担当する生活指導員の職員が置かれていること

❶ 技能実習指導員（上陸基準省令第9号）

　適切な指導能力のある技能実習指導員の指導の下，技能実習が実施されることを求めるとされている。技能実習指導員は，実習実施機関の常勤職員でなければならず，技能実習生が修得しようとする技能等について5年以上の経験を有する職員に限られている。なお，5年以上の経験は，同一の機関におけるものに限られず，他の機関の経験年数も通算できる。

　技能実習指導員がカリキュラムを管理し，指導方法を指示するなど技能実習指導員の包括的指導の下で行われることを妨げるものではない。また，日本語講師等の専門家など外部講師による指導を妨げるものではなく，日本語学校等に通学させることも妨げるものではない。

❷ 生活指導員（上陸基準省令第10号）

　技能実習生は日本人とは異なる文化，風俗，慣習の地から来日しているため，技能実習生の日本における生活について，適切な指導能力のある生活指導員の確保を求めるとされている。特に日本語の能力が乏しいなどの場合には，生活上の不安や動揺をきたし，円滑な技能実習を実施できないことにもつながりかねない。

　生活指導員は，常勤職員である必要はない。しかし，技能実習生の日本の日常生活の基本的なルールなどについて生活指導を行うことのほか，技能実

習生の生活状況を把握し、さらには相談役としての役割を担うなど日常生活上の補助を行うことから、技能実習生が技能等の修得活動及び日本での生活に不安のないような適任者を充てることが重要である。

図表5－19：技能実習・生活指導員の要件

	技能実習指導員	生活指導員
業務経験	5年以上	規定なし
常勤性	必要	不要

7 受入れ人数に係る上陸基準省令

第11号	受入れ人数枠	申請人を含めた実習実施機関に受け入れられている技能実習生（技能実習1号活動従事者）の人数が当該機関の常勤の職員の総数の20分の1（5％）以内であること ただし、法務大臣が告示をもって定める技能実習にあっては、申請人を含めた実習実施機関に受け入れられている技能実習生（技能実習1号活動従事者）の人数が当該機関の常勤の職員の総数を超えるものでなく、かつ、次の表に掲げる当該総数に応じそれぞれ同表に掲げる人数（1人未満の端数切捨て）の範囲内であること

［特例人数枠］

実習実施機関の常勤の職員の総数	技能実習生の人数
301人以上	常勤の職員の総数の20分の1
201人以上300人以下	15人
101人以上200人以下	10人
51人以上100人以下	6人
50人以下	3人

❶ 受入れ人数枠（上陸基準省令第11号）

　実習実施機関に受け入れることができる技能実習生の人数枠について定めるとされている。受入れ人数枠は，技能実習の指導体制の目安として設けており，実習実施機関の常勤職員の総数の20分の1以内，すなわち常勤職員数の5パーセントを超えて技能実習生（申請人を含む技能実習1号活動従事者（以下「技能実習1号活動従事者」という））を受け入れることができない。

　常勤職員には，実習実施機関に継続的に雇用されているいわゆる正社員の職員が該当する。ただし，一般的な正社員よりも労働時間が短いアルバイトやパートタイマーなどの短時間就労者であっても，雇用保険に加入している被保険者である短時間就労者の場合，原則として常勤職員としてみなされる。

　常勤職員には含まれない事例として，実習実施機関の所属職員であっても外国にある事業所に配属されている職員や先に入国し在留している技能実習生は，常勤職員には含まれない。

　その他出向，派遣，請負の雇用形態についても，原則として常勤職員には含まれない。しかし，出向契約が転籍，転属のような移籍出向の場合，出向元と雇用契約を解消して出向先の実習実施機関とのみ雇用契約が成立しているため，出向先の常勤職員に含まれる。また，建設業や造船業に多く見られる請負契約は，その契約が元請負・下請負・孫請負のように重層的となる。そのため，元請負・下請負等の企業間の請負契約が1年以上継続している場合，工事の一部又は全部を請負った下請負等の企業に6か月以上継続的にフルタイムで雇用される者については，注文主企業の元請負において常勤職員とみる場合がある。

　なお，派遣契約は，派遣先企業の実習実施機関と派遣労働者との間に雇用関係が存在しないため，例外はなく派遣先の常勤職員には含まれない。

図表５−20：アルバイトやパートタイマー等の常勤性の判断

実習実施機関の常勤職員	常勤性の判断
アルバイトやパートタイマーなどの短時間就労者	雇用保険の被保険者の場合，原則，常勤職員に含む。
外国にある事業所に所属する職員	常勤職員には含めない。
先に入国し在留している技能実習生	
出向契約	原則，常勤職員には含めない。ただし，移籍出向の場合は出向先の常勤職員に含む。
派遣契約	派遣先企業と雇用関係が存在しないため，派遣先の常勤職員には含めない。
請負契約	原則，常勤職員には含めない。ただし，建設業や造船業の場合，下請負等の企業（元請負企業と１年以上継続した請負契約）に６か月以上継続的にフルタイムで雇用される者は，元請負企業の常勤職員に含む場合がある。

　実習実施機関が親会社，子会社等の複数の法人で構成される場合は，それらの機関の常勤職員の合計数により，受入れ人数枠が算出される。

❷ 受入れ人数枠（上陸基準省令第11号ただし書）

　上陸基準省令第11号ただし書は，外国機関省令第２号に規定されている法務大臣の告示により，技能実習実施機関が受け入れることのできる技能実習生の人数枠について特例を定めた規定である。

　例えば，実習実施機関の常勤職員が10人の場合，技能実習生を受け入れることができないが，この特例人数枠により，技能実習生を３人まで受け入れることができる。ただし，申請人を含め受け入れることができる技能実習生（技能実習１号活動従事者）の人数は，実習実施機関の常勤職員の総数を超えることはできない。

8 報告に係る上陸基準省令

第11号の2	不正行為に関する事実報告	実習実施機関が、「技能実習第1号イ」の表に掲げる不正行為を行った場合は、直ちに、地方入国管理局に当該不正行為に関する事実を報告することとされていること
第12号	継続不可能時の対応	実習実施機関が、技能実習の活動を継続することが不可能となる事由が生じた場合は、直ちに、地方入国管理局に当該事実及び対応策を報告することとされていること

1 不正行為に関する事実報告（上陸基準省令第11号の2）

　実習実施機関が「不正行為」を行った場合に、実習実施機関が自ら地方入国管理局への報告を義務付けるとされている。2012年（平成24年）11月1日に施行された改正上陸基準省令により、新たに追加されている。2010年（平成22年）7月1日から施行されている改正入管法は、研修生・技能実習生の法的保護及びその法的地位の安定化を図るための措置が講じられているが、改正上陸基準省令により、さらに研修生・技能実習生の保護の強化が図られている。

　報告しなければならない不正行為は、上陸基準省令第18号の不正行為の表に規定されている技能実習に係る行為である。そのような不正行為を行った場合は、その不正行為の態様や程度を問わず、地方入国管理局への報告対象となる。この報告により、地方入国管理局が確認した不正行為が"技能実習の適正な実施を妨げるもの"であった場合には、その不正行為が終了した日後、一定期間研修生及び技能実習生の受入れは認められない。また、不正行為に対して地方入国管理局から改善措置を講ずるよう指導を受けた場合において、再発防止に必要な改善措置が講じられていなければ研修生及び技能実習生の受入れは認められない。

　"技能実習の適正な実施を妨げるもの"とは、不正行為を行った機関や個人について、不正行為の態様や程度を個別に調査し、その結果、技能実習を

継続して実施させることが技能実習制度の適正な運営上好ましくないと認められるものをいう。

❷ 継続不可能時の対応（上陸基準省令第12号）

技能実習生が技能等の修得活動を継続することが不可能となる事由が生じた場合に，地方入国管理局への報告を義務付けるとされている。技能実習の活動が不可能となる事由としては，技能実習生の失踪や疾病，実習実施機関の事業廃止や不正行為，その他実習実施機関と技能実習生との間に発生する諸問題が想定されている。

実習実施機関には，技能実習計画に基づいた技能等の修得活動の継続が求められるが，事業の縮小や廃止などにより，実習実施機関が技能実習活動の継続が困難となる場合も考えられる。そうした場合，実習実施機関は，直ちにその事実と対応策について地方入国管理局に報告しなければならず，さらに技能実習生が技能等の修得活動の継続を希望した場合には，その旨を地方入国管理局に申し出るとともに，技能実習生の受入先の確保に努める必要がある。新たな技能実習生の受入先が確保できた場合，地方入国管理局により，適正な技能実習を実施できる体制を有していると判断でき，かつ，技能実習の実施先を変更することが適当と認められる場合に，引き続き在留資格「技能実習1号イ」又は「技能実習2号イ」の活動を継続することができる。

図表5-21：技能実習の活動が不可能となる事由

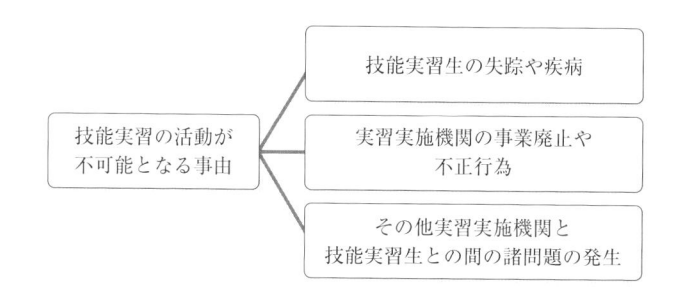

技能実習の活動が不可能となる事由
- 技能実習生の失踪や疾病
- 実習実施機関の事業廃止や不正行為
- その他実習実施機関と技能実習生との間の諸問題の発生

9 施設に係る上陸基準省令

第13号	講習実施施設の確保	実習実施機関が講習を実施する施設を確保していること
第14号	宿泊施設の確保	実習実施機関が技能実習生用の宿泊施設を確保していること

❶ 講習実施施設の確保（上陸基準省令第13号）

技能実習生が講習を受講するために，技能実習機関にその施設の確保を求めるとされている。講習を実施する施設とは，机や椅子，ホワイトボードなどが備えられ，学習に適した施設のことをいう。

講習実施施設については，学習に適した施設であること以外には施設の広さなどについて特に具体的な要件は求められておらず，実習実施機関に対し当該施設の確保を義務付けている。

図表5－22：講習実施施設の要件

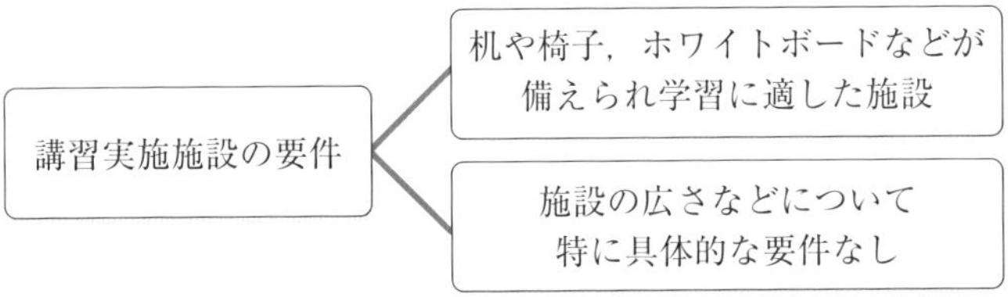

講習実施施設の要件
- 机や椅子，ホワイトボードなどが備えられ学習に適した施設
- 施設の広さなどについて特に具体的な要件なし

❷ 宿泊施設の確保（上陸基準省令第14号）

技能実習生が技能等の修得活動を継続していくために，技能実習機関にその宿泊施設の確保を求めるとされている。宿舎に関する規定は，労働基準法第10章（寄宿舎）により寄宿労働者の私生活の自由を保障し，安全衛生を維持するために定められている。

労働基準法第94条では寄宿舎生活の自治，同法95条では寄宿舎規則の作成及び届出等，同法96条では寄宿舎の設備及び安全衛生をそれぞれ規定している。寄宿舎設備の設置基準については，厚生労働省令の事業附属寄宿舎規程が定められており，寄宿舎の設置場所，男女別収容，寝室等について詳細に規定されている。

図表5－23：寄宿舎に関する労働関係法令

寄宿労働者の私生活の自由保障・安全衛生維持（労働基準法第10章（寄宿舎））	
労働基準法第94条	寄宿舎生活の自治
労働基準法第95条	寄宿舎規則の作成及び届出等
労働基準法第96条	寄宿舎の設備及び安全衛生
事業附属寄宿舎規程（厚生労働省令）	寄宿舎の設置場所，男女別収容，寝室等

　1人当たりの床面積等については，事業附属寄宿舎規程第19条第1号により「1室の居住面積は，床の間及び押入を除き1人について2.5㎡以上とし，1室の居住人員は，16人以下とすること」が定められている。2.5㎡は労働関係法令の最低基準であり，1坪＝3.31㎡よりも狭小である。厚生労働省の「望ましい建設業附属寄宿舎に関するガイドライン」では，1室2人以下，1人当たり床面積4.8㎡以上（3畳）となっており，JITCOにおいても6畳に2人程度を指導している。

図表5−24：宿泊施設の居住スペース

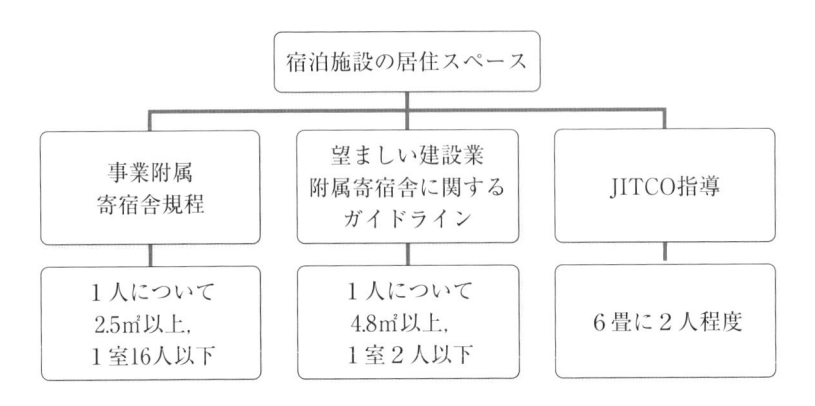

```
                宿泊施設の居住スペース
          ┌───────────┼───────────┐
      事業附属        望ましい建設業
      寄宿舎規程      附属寄宿舎に関する      JITCO指導
                     ガイドライン
          │              │              │
      1人について      1人について
      2.5㎡以上，      4.8㎡以上，      6畳に2人程度
      1室16人以下      1室2人以下
```

10 労災保険に係る上陸基準省令

第15号	労災保険等による保障措置	実習実施機関が，申請人が雇用契約に基づいて技能等の修得活動を開始する前に，その事業に関する労働者災害補償保険（以下「労災保険」という）に係る保険関係の成立の届出その他これに類する措置を講じていること

1 労災保険等による保障措置（上陸基準省令第15号）

　技能実習生が実習実施機関での技能等の修得活動中に死亡，負傷又は疾病に罹患した場合，その補償が確実に行われるように補償措置を義務付けるとされている。

　労災保険と雇用保険の両保険制度は，これら2つを合わせて労働保険と呼ばれが，保険事故に対する保険給付は，両保険制度で別個に行われている。保険料については，原則的として1つの労働保険料として徴収され，法人，個人事業主は，農林水産事業の一部を除き，労働者を1人でも雇用すれば労働保険に加入し労働保険料を納付しなければならない。

こうした労働保険関係法令に従って労災保険に加入している場合には，補償措置が講じられていると認められ，民間の任意保険に加入することまでは義務付けられていない。また，補償措置として民間の任意保険に加入した場合でも，関係法令で社会保険等への加入が義務付けられているときは，関係法令に従って社会保険等に加入する必要がある。

なお，実習実施機関との雇用関係に基づかない講習期間中の保険の加入については，義務付けられていない。

図表5-25：労災保険と民間の任意保険の関係

労災保険と民間の任意保険の関係		
労災保険に加入	→	民間の任意保険に加入不要
民間の任意保険に加入	→	労災保険に加入が必要
雇用関係に基づかない講習期間中の保険加入は義務付けなし		

11 帰国旅費の担保に係る上陸基準省令

第16号	帰国旅費担保措置	実習実施機関が技能実習生の帰国旅費の確保その他の帰国担保措置を講じていること

❶ 帰国旅費担保措置（上陸基準省令第16号）

技能等を海外へ移転するという技能実習制度の趣旨に鑑み，技能実習生の帰国に支障を来さないようにするとされている。帰国旅費担保措置は，帰国旅費の確保が中心であり，実習実施機関が帰国旅費の全額を負担しなければならない。

実習実施機関は，技能実習終了後の帰国に備え，また，事業縮小や廃止などにより技能実習が継続できなくなり帰国せざるを得ない場合に備え，技能

実習生が本邦に入国した当初から帰国旅費を確保しておかなければならない。

12 文書作成等に係る上陸基準省令

第17号	実習実施状況文書作成・備付け・保存	実習実施機関が技能実習（実習実施機関が本邦外において実施する講習を含む）の実施状況に係る文書を作成し，技能実習を実施する事業所に備え付け，当該技能実習の終了の日から1年以上保存することとされていること

❶ 実習実施状況文書作成・備付け・保存（上陸基準省令第17号）

　技能実習の実施状況及び入国前の講習に係る文書作成，備付け及び当該文書の保存を，実習実施機関に義務付けるとされている。

　技能実習計画に基づいて技能実習を実施するため，実習内容や指導事項，今後の課題等を記載する"技能実習日誌"を作成して技能実習実施状況を把握する必要がある。「技能実習の実施状況に係る文書」には"技能実習日誌"のほか，技能実習に従事した労働時間及び賃金等を記載した賃金台帳，指導者などを記載した文書が該当する。

　「技能実習の実施状況に係る文書」は，実習実施機関に常時備え付けなければならず，技能実習終了日から1年以上保存しなければならない。また，労働基準法においては賃金台帳の調製義務（労働基準法第108条第1項）と保存義務（労働基準法第109条第1項）が定められており，保存期間は3年間としているため，少なくとも賃金台帳においては3年以上保存しなければならない。

　なお，「技能実習の実施状況に係る文書」には，実習実施機関が本邦外において実施した講習が含まれる。

図表5−26：実習実施状況文書の種類

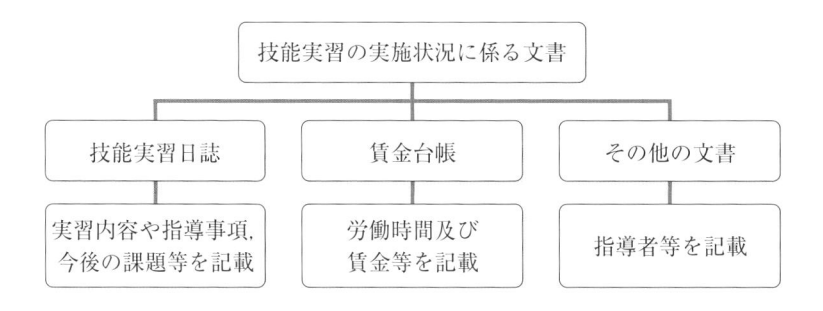

```
              技能実習の実施状況に係る文書
         ┌──────────┼──────────┐
      技能実習日誌        賃金台帳        その他の文書
         │              │              │
    実習内容や指導事項，  労働時間及び      指導者等を記載
    今後の課題等を記載    賃金等を記載
```

13 不正行為・欠格事由に係る上陸基準省令

第18号	不正行為など欠格事由 （実習実施機関又はその経営者，管理者，技能実習指導員若しくは生活指導員）	外国人の技能実習に係る表に掲げる不正行為を行ったことがある場合は，当該不正行為が終了した日後，同表に掲げる期間を経過し，かつ，再発防止に必要な改善措置が講じられていること ただし，当該不正行為が技能実習の適正な実施を妨げるものでなかった場合は，この限りでない
第19号		技能実習第1号ロ又は研修の表に掲げる不正行為を行ったことがある場合は，当該不正行為が終了した日後，それぞれの表に掲げる期間を経過し，かつ，再発防止に必要な改善措置が講じられていること ただし，当該不正行為が技能実習の適正な実施を妨げるものでなかった場合は，この限りでない
第20号		技能実習第1号イ，技能実習第1号ロ又は研修の表に掲げる外国人の研修・技能実習に係る不正行為を行い，当該行為に対し地方入国管理局から改善措置を講ずるよう指導を受けた場合は，再発防止に必要な改善措置が講じられていること
第21号		次に掲げる規定により刑に処せられたことがある場合は，その執行を終わり，又は執行を受けることがなくなった日から5年を経過していること 　イ　入管法第73条の2から第74条の8までの規定 　ロ　労働基準法第117条並びに労働基準法第118条第1項，第119条及び第120条の規定並びに当該規定に係る同法第121条の規定 　ハ　船員法第130条，第131条第1号及び第2号の規定並びに当該規定に係る同法第135条第1項の規定

		ニ 最低賃金法第40条の規定及び同条の規定に係る同法第42条の規定
第21号の2		過去5年間に当該機関の事業活動に関し，外国人に不正に入管法第3章の上陸審査，口頭審理及び異議申出の規定による在留資格認定証明書の交付，上陸許可の証印若しくは許可，同章の上陸特例の規定による上陸許可若しくは入管法第4章の在留，在留資格の変更及び取消等若しくは法第5章の退去強制手続の審査，口頭審理及び異議の申出の規定による許可を受けさせる目的で，文書若しくは図画を偽造・変造し，虚偽の文書若しくは図画を作成し，偽造・変造された文書若しくは図画・虚偽の文書・図画を行使し，所持し，若しくは提供し，又はこれらの行為を唆し，若しくはこれを助ける行為を行ったことがないこと
第22号	不正行為など欠格事由（実習実施機関の経営者又は管理者）	過去5年間に他の機関の経営者，役員又は管理者として外国人の技能実習又は研修の運営又は監理に従事していたことがあり，その従事期間中，当該他の機関が技能実習第1号イ，技能実習第1号ロ又は研修の表に掲げる不正行為を行っていた場合は，当該不正行為が終了した日後，それぞれの表に掲げる期間を経過していること ただし，当該不正行為が技能実習の適正な実施を妨げるものでなかった場合は，この限りでない
第23号	送出し機関，その他経営者等の欠格事由（送出し機関又はその経営者若しくは管理者）	過去5年間に当該機関の事業活動に関し，外国人に不正に入管法第3章の上陸審査，口頭審理及び異議申出の規定による在留資格認定証明書の交付，上陸許可の証印若しくは許可，同章の上陸特例の規定による上陸許可若しくは入管法第4章の在留，在留資格の変更及び取消等若しくは法第5章の退去強制手続の審査，口頭審理及び異議の申出の規定による許可を受けさせ，又は技能実習第1号イ，技能実習第1号ロ若しくは研修の表に掲げる不正行為に関する事実を隠蔽する目的で，偽造若しくは変造された文書若しくは図画若しくは虚偽の文書若しくは図画を行使し，又は提供する行為を行ったことがないこと

❶ 不正行為など欠格事由（不正行為の表／上陸基準省令第18～19号）

　実習実施機関又はその経営者，管理者，技能実習指導員若しくは生活指導員が過去一定期間内に研修又は技能実習に係る上陸基準省令の表に掲げる"不正行為"を行った場合，その不正行為の内容によって1年間から5年間技能実習生の受入れを認めないとされている。ただし，地方入国管理局が，不正行為の内容が技能実習の適正な実施を妨げるものではないと確認した場

合は，受入停止の処分は免れる。

　新たな技能実習生の受入れを認めないとする受入れ停止期間は，研修及び技能実習に係る上陸基準省令の表に併記されている。受入停止期間の起算日は，「不正行為が終了した日」である。この「不正行為が終了した日」とは，不正行為が継続的・連続的に行われた場合，その一連の行為の最終日をいう。また，不正行為には暴行・脅迫などの"作為"によるもののほか賃金等の不払いなどの"不作為"によるものがあるが，不作為による場合は，不作為が解消された日が「不正行為の終了した日」となる。例えば，賃金等の不払いの場合，実際に賃金等が支払われて精算されたときに不払いという不作為が解消されたと考えられるため，この精算日が「不正行為の終了した日」となる。受入停止期間を経過し，新たに技能実習生の受入れを再開しようとする実習実施機関は，再発防止に必要な改善策を提出し，適正な技能実習の実施が可能かどうか厳格に審査される。

　技能実習に係る上陸基準省令の表に掲げる"不正行為"及び"受入停止期間"に該当する行為は，次のように類型化されている。

図表5－27：不正行為　一覧

不正行為	不正行為の内容（事例）	受入停止期間
1　暴行，脅迫又は監禁	技能実習生に対する暴行，脅迫又は監禁を行っていた場合	5年間
	（暴行，脅迫又は監禁による技能実習生の意に反する強制労働）	
2　旅券又は在留カードの取上げ	技能実習生の旅券や在留カードを取り上げていた場合	5年間
	（逃亡防止のためなどと称して旅券や在留カードを保管）	
3　賃金等の不払い	技能実習生に対する手当，報酬の一部又は全部を支払わなかった場合	5年間
	（時間外労働や休日労働を命じながら割増賃金を不払い）	

4 人権を著しく侵害する行為	上記1～3の他，技能実習生の人権を著しく侵害する行為を行っていた場合	5年間
	（技能実習生からの申告により人権擁護機関における人権侵犯の事実の認定や，技能実習生の意に反する預金通帳の取上げ）	
5 偽変造文書等の行使・提供	不正行為の事実を隠蔽すること等を目的に，偽変造文書，虚偽文書等の行使又は提供していた場合	5年間
	（地方入国管理局へ申請（以下「申請」という）の際，常勤職員数を実際より多く偽った文書の作成，偽造した証明文書の提出）	
6 保証金の徴収等	技能実習に関連して技能実習生やその家族から保証金を徴収するなどしてその財産を管理していた場合や，労働契約の不履行に係る違約金の定めなど，不当に金銭その他の財産の移転を予定する契約を締結していた場合	3年間
	（技能実習生の逃走防止や地方入国管理局，労働基準監督署等に対する不正行為の通報を禁じるために，技能実習生やその家族等から保証金を徴収したり，違約金を定めたりする）	
7 雇用契約に基づかない講習の期間中の業務への従事	技能実習生を雇用契約に基づかない講習期間中に業務に従事させていた場合	3年間
	（雇用契約に基づかない講習期間中に技能等の修得活動の業務に従事させる）	
8 二重契約	技能実習に係る手当若しくは報酬又は実施時間について技能実習生との間で申請内容と異なる内容の取決めをしていた場合（異なる内容の取決めをした上で申請した場合は上記5の「偽変造文書等の行使・提供」に該当）	3年間
	（申請後，申請の際に提出した雇用契約書よりも低額の報酬の支払いの合意を別途行う）	
9 技能実習計画との齟齬	申請の際提出した技能実習計画と著しく異なる内容の技能実習を実施し，又は当該計画に基づく技能実習を実施していなかった場合（技能実習計画と齟齬する技能実習を行うことを示し合わせて申請した場合は上記5の「偽変造文書等の行使・提供」に該当）	3年間
	（技能実習生に対し技能実習計画どおりの講習を行わない，又は当該計画の作業項目のうち大半の項目を実施しない）	

10 名義貸し	申請内容と異なる他の機関に技能実習を実施させていた場合や，当該他の機関において技能実習を実施していた場合（他の機関で技能実習を行うことを示し合わせて申請した場合は上記５の「偽変造文書等の行使・提供」に該当）		3年間
	（申請後，他の機関に技能実習を実施させることや，他の機関で技能実習を実施する）		
11 地方入国管理局への報告不履行	技能実習に係る不正行為を行った場合，又は技能実習の継続が不可能となる事由が生じていながら地方入国管理局への報告を怠っていた場合		3年間
	（技能実習生が失踪したのにもかかわらず，これを届け出ることなく失踪した技能実習生が摘発されて失踪の事実が判明）		
12 行方不明者の多発	技能実習生（研修生を含む）の行方不明者について，その前１年以内に，次表に掲げる受入れ総数に応じた人数以上の行方不明者を発生させた場合		3年間
		受入れ総数	人　数	
		50人以上	受入れ総数の5分の1	
		20人以上49人以下	10人	
		19人以下	受入れ総数の2分の1	
	技能実習が技能実習計画に沿って実施され，賃金の支払い等が雇用契約どおりに行われていることなど，実習実施機関の責めに帰すべき理由がない場合を除く		
	（技能実習が技能実習計画に沿っておらず，時間外労働が過重に実施され技能実習生が失踪）		
13 不法就労者の雇用等	①事業活動に関し外国人に不法就労活動をさせる行為，②外国人に不法就労活動をさせるためにこれを自己の支配下に置く行為，③業として①及び②の行為に関しあっせんする行為のいずれかを行ない，唆し又はこれを助けた場合		3年間
	（不法滞在者，就労可能な在留資格を有していない者，資格外活動について許可を受けていない者を雇用する等入管法違反）		

14　労働関係法令違反	"不正行為"を行い地方入国管理局から改善措置を講ずるよう指導を受けた後，3年以内に再度"不正行為"を行った場合（文書の作成等不履行を除く）	3年間
	（技能実習計画に記載されていない内容の技能実習を実施していたとして地方入国管理局から改善措置を講ずるよう指導を受けたにもかかわらず，再度，当該計画に記載されていない内容の技能実習を実施）	
15　再度の不正行為	地方入国管理局から"不正行為に準ずる行為"を行ったものとして指導を受けた後3年以内に再度"不正行為に準ずる行為"を行った場合（文書の作成等不履行を除く）	3年間
	（技能実習計画の提出後事情変更等により，当該計画に記載されていない内容の技能実習を短期間実施していたとして"不正行為に準ずる行為"として認定を受けた後，再度，当該計画に記載されていない内容の技能実習を短期間実施）	
16　文書の作成等不履行	技能実習（本邦外における講習を含む）の実施状況に係る文書の作成，備付け又は保存を怠っていた場合	1年間
	（地方入国管理局の実態調査の際，"技能実習日誌"を確認できない）	

❷ 不正行為など欠格事由（不正行為の表／上陸基準省令第20号）

　実習実施機関又はその経営者，管理者，技能実習指導員若しくは生活指導員が研修及び技能実習に係る上陸基準省令の表に掲げる"不正行為"を行ったことに対し，地方入国管理局から改善措置を講ずるよう指導を受けた場合，再発防止に必要な改善措置が講じられていなければ，新たな技能実習生の受入れの再開を認めないとされている。

　不正行為が技能実習の適正な実施を妨げるものでなかったとして受入れ停止の処分を免れた場合であっても，地方入国管理局が必要と判断した場合，改善措置を講ずるよう通知することになる。通知を受けた実習実施機関は，受入停止の処分を受けた場合と同様に，再発防止に必要な改善策を提出し適正な技能実習の実施が可能であると判断されるまで技能実習生の受入れは認められない。

③ 不正行為など欠格事由（法令違反／上陸基準省令第21号）

　実習実施機関又はその経営者，管理者，技能実習指導員若しくは生活指導員が入管法，労働基準法，船員法，最低賃金法の規定により処罰の対象となった場合，一定期間技能実習生の受入れを認めないとされている。

　新たな技能実習生の受入停止期間は，処罰の対象となった刑の執行を終了した日又は刑の執行を受けることがなくなった日から起算して過去5年間である。

図表5-28：欠格事由となる法令違反行為

	法　　令	欠格事由となる法令違反行為
1	入管法	不法就労助長罪及び集団密航等に係る罰則
2	労働基準法	強制労働，賃金の支払その他の労働基準法上に係る罰則
3	船員法	賠償予定の禁止，給料の支払その他の船員法上に係る罰則
4	最低賃金法	最低賃金額以上の賃金支払義務に係る罰則

④ 不正行為など欠格事由（偽変造・虚偽文書，教唆・幇助／上陸基準省令第21号の2）

　実習実施機関又はその経営者，管理者，技能実習指導員若しくは生活指導員が，外国人に対して不正に在留資格認定証明書の交付や上陸許可を受けさせること等を目的に文書若しくは図画を偽造・変造し，虚偽文書等を作成し，若しくはこれらの文書等を行使・所持・提供し又はこれらの行為を教唆し，若しくはこれを幇助した場合，欠格事由とされている。

　「当該機関の事業活動に関し」とは，同一の実習実施機関における行為を対象とする趣旨であるが，他の実習実施機関であっても，社名変更等，実質的に事業の継続性や一体性が認められる場合は，同一機関の行為とみなされる。

　なお，在留資格認定証明書交付申請の時点では，いまだ5年（又は3年，

1年）を経過していなくても，処分時において当該年数を経過し，かつ，再発防止に必要な改善措置が講じられていれば交付を受けることができる。

図表５－29：実習実施機関，その経営者等の欠格事由

```
┌─────────────────────────────────┐
│   実習実施機関又はその経営者，管理者，      │
│   技能実習指導員若しくは生活指導員         │
└─────────────────────────────────┘
              │（過去５年間）
              ▼
┌─────────────────────────────────┐
│ 外国人に対し不正に在留資格認定証明書の交付や上陸許可を │
│   受けさせることを目的とした以下の行為を行った場合    │
└─────────────────────────────────┘
         │                    │
         ▼                    ▼
┌──────────────────┐  ┌──────────────────┐
│ 文書若しくは図画を偽変造， │  │ 文書等の偽変造等の行為を │
│ 虚偽文書等を作成，これらの │  │ 教唆若しくは幇助      │
│ 文書等の行使・所持・提供  │  │                │
└──────────────────┘  └──────────────────┘
```

❺ 不正行為など欠格事由（他の機関における不正行為／上陸基準省令第22号）

　不正行為をした実習実施機関の経営者又は管理者が，別の機関に移籍したり新たな機関を設立したりした場合でも技能実習生の受入れを認めないとされている。2010年（平成22年）７月の入管法改正に当たり定められた上陸基準省令に新たに規定されていたもので，同法改正前は，不正行為の認定を受けた実習実施機関の経営者又は管理者が別の機関に移籍したり，新たな機関を設立したりして技能実習生の受入れのための申請がされた場合，厳格な審査が実施されていた。

　この規定により，技能実習生の受入れのための申請をした実習実施機関の経営者等が，過去５年間に他の機関の経営者，役員若しくは管理者として在任中に，研修又は技能実習の運営・監理の業務に従事しており，その業務に従事している期間中に研修又は技能実習に係る上陸基準省令の表に掲げる"不正行為"を行っていた場合，その不正行為の表に示された期間（１年間から５年間）を経過していないときは，技能実習生の受入れは認められな

い。ただし，地方入国管理局が，不正行為の内容が技能実習の適正な実施を妨げるものではないと認定した場合は，受入停止の処分は免れる。

なお，在留資格認定証明書交付申請の時点では，いまだ5年（又は3年，1年）を経過していなくても，処分時において当該年数を経過し，かつ，再発防止に必要な改善措置が講じられていれば交付を受けることができる。

図表5－30：過去5年間の期間の基準

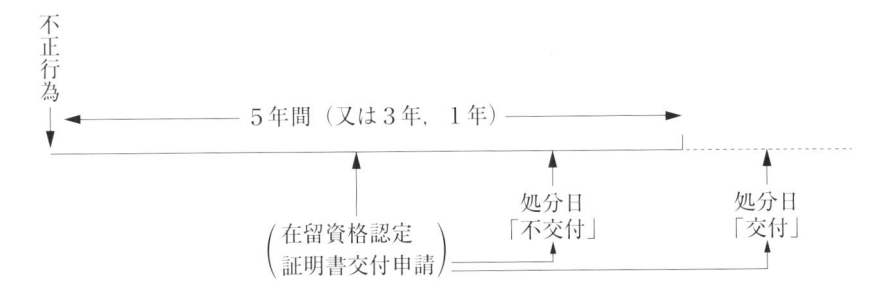

```
不
正
行
為
 ↓
 ├────── 5年間（又は3年，1年）──────────┤
            ↑               ↑                    ↑
      （在留資格認定    処分日              処分日
       証明書交付申請） 「不交付」           「交付」
```

6 送出し機関，その他経営者等の欠格事由（上陸基準省令第23号）

　送出し機関又はその経営者若しくは管理者が，外国人に対して不正に在留資格認定証明書の交付や上陸許可を受けさせること，又は技能実習若しくは研修の表に掲げる不正行為の事実を隠蔽すること等を目的に偽変造文書，虚偽文書等の行為を行った場合，欠格事由とされている。

　「当該機関の事業活動に関し」とは，同一の送出し機関における行為を対象とする趣旨であるが，他の送出し機関であっても，社名変更等，実質的に事業の継続性や一体性が認められる場合は，同一機関の行為とみなされる。

　なお，在留資格認定証明書交付申請の時点では，いまだ5年（又は3年，1年）を経過していなくても，処分時において当該年数を経過し，かつ，再発防止に必要な改善措置が講じられていれば交付を受けることができる。

図表５−31：送出し機関，その他経営者等の欠格事由

```
送出し機関又はその経営者
    若しくは管理者
        │
    （過去５年間）
        │
以下を目的とした偽変造文書，
虚偽文書等の行為を行った場合
    ├──────────────┐
外国人に対し不正に在留資格    技能実習又は研修の表に
  認定証明書の交付や        掲げる不正行為の事実を
 上陸許可を受けさせること      隠蔽すること　等
```

図表５−32：企業単独型における不正行為・欠格事由　概略図

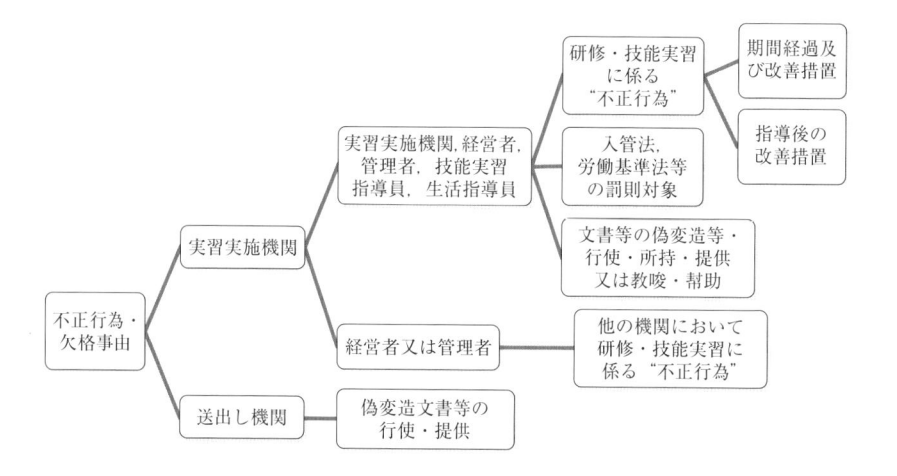

```
              ┌ 実習実施機関,経営者, ┬ 研修・技能実習 ┬ 期間経過及
              │ 管理者，技能実習     │ に係る        │ び改善措置
              │ 指導員，生活指導員   │ "不正行為"    └ 指導後の
              │                     │                改善措置
         実習実施機関                ├ 入管法，
不正行為・    │                     │ 労働基準法等
欠格事由 ─┤                        │ の罰則対象
         │                         └ 文書等の偽変造等・
         │                           行使・所持・提供
         │                           又は教唆・幇助
         ├ 経営者又は管理者 ── 他の機関において
         │                      研修・技能実習に
         │                      係る"不正行為"
         └ 送出し機関 ── 偽変造文書等の
                          行使・提供
```

第５章　在留資格「技能実習１号イ」に係る入管手続

92

第6章 在留資格「技能実習1号ロ」に係る入管手続

第1 在留資格「技能実習1号ロ」に係る「在留資格該当性」

1 「営利を目的としない団体」に係る在留資格該当性

❶ 「技能実習1号ロ」(団体監理型)の監理団体

　在留資格「技能実習1号ロ」(団体監理型)の監理団体とは，入管法により「法務省令で定める要件に適合する営利を目的としない団体」と規定されている。法務省令については，出入国管理及び難民認定法別表第1の2の表の技能実習の項の下欄に規定する団体の要件を定める省令(以下，「団体要件省令」という)が定められている。

　団体監理型の在留資格該当性を満たすためには，団体要件省令第1条第1号に規定するいずれかの団体に該当しなければならない。また，技能実習生の技能，技術若しくは知識の修得活動は，監理団体が作成した実習実施計画に基づかなければならず，監理団体の責任の下，監理団体による技能実習制度の徹底した監理が求められている。

2 監理団体の要件に係る団体要件省令

第1号	技能実習生の技能，技術又は知識を修得する活動の監理を行う営利を目的としない団体（監理団体）が次のいずれかに該当すること		
	1	商工会議所又は商工会	実習実施機関が当該商工会議所又は商工会の会員である場合に限る
	2	中小企業団体	実習実施機関が当該中小企業団体の組合員又は会員である場合に限る
	3	職業訓練法人	
	4	農業協同組合	実習実施機関が当該農業協同組合の組合員で農業を営む場合に限る
	5	漁業協同組合	実習実施機関が当該漁業協同組合の組合員で漁業を営む場合に限る
	6	公益社団法人又は公益財団法人	7（法務大臣告示）に掲げるものを除く 特例社団法人又は特例財団法人（2013年11月30日までに一般・公益社団法人又は一般・公益財団法人へ移行）を含む
	7	法務大臣告示	1から5までに掲げるもののほか，法務大臣が告示をもって定める監理団体

❶ 監理団体の要件（非営利団体／団体要件省令第1条第1号1～6）

　団体監理型の技能実習生の受入れを「営利を目的としない団体」に限定するとされている。第1号1から6については，商工会議所，中小企業団体又は農業協同組合等が列挙され，それらの団体に係る要件が規定されている。

　団体要件省令に列挙された監理団体は，例示的に表示された監理団体ではなく，これらの監理団体に限られたことを意味する限定列挙である。そのため，団体要件省令に列挙されていない団体は，法務大臣の告示により定められた監理団体を除き，技能実習生を受け入れることができない。

❷ 監理団体の要件（法務大臣告示／団体要件省令第１条第１号７）

　技能実習生を受け入れる監理団体について，一定の要件を備えていることを条件に法務大臣が告示をもって個別に定めることができるとされている。団体要件省令に規定する「法務大臣が告示をもって定める監理団体」については，入管法施行規則第65条の要件に該当しなければならず，法務大臣が個別に行っている。

　法務大臣の告示が行われることにより，後述する公益財団法人及び公益社団法人において受け入れることができる技能実習生の人数枠について，特例人数枠が適用される。法務大臣の告示の要件は次のとおりであり，監理団体はいずれにも該当していなければならない。

図表６−１：入管法施行規則第65条第１項第１号〜第３号

	法務大臣告示をもって定める監理団体の要件
1	当該監理団体の継続的な事業として技能実習が実施されることにより，技能実習により修得される技能等の本邦から外国への移転が図られること
2	当該監理団体が技能実習事業を実施する合理的理由があり，かつ，継続的な事業として行う実施体制を有すること
3	当該監理団体が技能実習を監理する団体として必要な体制を有すること

　法務大臣が告示を行うに当たり，入管法施行規則第65条第１項第２号の「合理的理由」，「実施体制」及び第３号の「必要な体制」の判断については，同条第２項により，外国機関省令第２号における法務大臣の告示要件である前条第64条第２項及び第３項が準用されている。

　入管法施行規則第64条第２項では「外国人の技能実習に係る専門的評価を行うことができる法人による評価を参考とすることができる」と規定されている。この"技能実習評価"を行うことができる法人としては，JITCOが代表例である。法務大臣の告示では，技能実習評価として"JITCOの評価・認定"を参考にしているが，必ずしも"JITCOの評価・認定"が義務付けられ

ているわけではない。

　入管法施行規則第64条第3項では，法務大臣の告示に当たり参考とすることができる"技能実習評価"ができる法人の要件として，技能実習評価事業の公正な運営を確保するための規定が第1号から第14号まで定められている。

3　公共団体の援助及び指導に係る団体要件省令

| 第2号 | 公共団体の資金等の援助及び指導 | 監理団体が前号の1から6までのいずれかに該当する場合は，我が国の国若しくは地方公共団体又は独立行政法人から資金その他の援助及び指導を受けて技能実習（技能実習第1号ロに限る）が運営されること |

❶ 公共団体の資金等の援助及び指導（団体要件省令第1条第2号）

　団体監理型の技能実習生の受入れについて国，地方公共団体等からの資金等の援助及び指導を求めるとされている。監理団体が主体となって行う技能実習は，企業単独型の技能実習生の受入れとは異なり，実習実施機関と送出し機関との資本関係，取引関係等の要件はない。そのため，国又は地方公共団体が適正かつ有意義な技能実習と認めて支援・協力し，一層効果的な技能実習とするよう指導することにより，適正な技能実習制度が確保されるようにしている。

　「資金その他の援助」とは，補助金の交付に限らず，国や地方公共団体の施設の無償提供，宿泊施設の提供，無料の講師派遣等何らかの援助があればよく，これら資金以外の援助によっても要件を満たすこととなる。具体的には消防署や警察署の職員の講師派遣，市区町村の施設の割引料金による利用などがある。

　「指導」とは，監理団体が実施する講習において，国，地方公共団体等か

ら講師が派遣され指導を受ける場合が該当する。具体的には，消防署職員による消防や防火などの指導や役所職員による生活適応などについての指導がある。

「資金その他の援助」及び「指導」の金額や施設の利用時間等については，具体的な基準は設けられておらず，実際に支援・協力，指導を受けているかが審査の対象となる。

4 報告に係る団体要件省令

第2号の2	不正行為に関する事実報告	監理団体が，不正行為を行った場合は，直ちに，当該不正行為に関する事実を当該監理団体の所在地を管轄する地方入国管理局に報告することとされていること

❶ 不正行為に関する事実報告（団体要件省令第1条第2号の2）

監理団体が「不正行為」を行った場合に，監理団体が自ら地方入国管理局への報告を義務付けるとされている。2012年（平成24年）11月1日に施行された改正上陸基準省令とともに，団体要件省令も改正されている。

報告しなければならない不正行為は，上陸基準省令第16号の不正行為の表に規定されている技能実習に係る行為である。そのような不正行為を行った場合は，その不正行為の態様や程度を問わず，地方入国管理局への報告対象となる（上陸基準省令第30号の2参照）。

また，監理団体は，監理団体自身が不正行為を行った場合だけではなく実習実施機関の不正行為を知った場合にも直ちに監査を行い，その結果を地方入国管理局に報告しなければならない（団体要件省令第3号参照）。

5 監理体制に係る団体要件省令

第3号	定期監査	監理団体の役員で当該技能実習の運営について責任を有する者が，実習実施機関において行われる技能実習の実施状況について3月につき少なくとも1回監査を行うほか，監理団体において実習実施機関による不正行為（上陸基準省令技能実習第1号ロの表に掲げる不正行為）を知った場合は，直ちに監査を行い，その結果を当該監理団体の所在地を管轄する地方入国管理局に報告することとされていること。ただし，当該役員が実習実施機関の経営者又は職員を兼務するときは，当該実習実施機関の監査については，監理団体の他の役員が行うこととされていること
第4号	相談対応	監理団体が技能実習生からの相談に対応する措置を講じていること
第8号	訪問指導	監理団体の役員又は職員が，実習実施機関において行われる技能実習の実施状況について，技能実習第1号実施計画に従っているものであることを1月につき少なくとも1回当該実習実施機関の所在地に赴いて確認し，適正な実施について指導することとされていること及び当該指導に係る文書を作成し，その主たる事業所に備え付け，当該技能実習の終了の日から1年以上保存することとされていること

❶ 定期監査（団体要件省令第1条第3号）

　団体監理型にあっては，実習実施機関における技能等の修得活動は，監理団体の責任及び監理の下に実施されなければならないとされていることを踏まえ，監理団体の役員による3か月ごとに1回以上の監査の実施と，実習実施機関の不正行為があった場合の地方入国管理局への報告を義務付けるとされている。

　監査は，"技能実習の運営について責任を有する監理団体の役員"が実習

実施機関における技能実習の実施状況について行い，地方入国管理局に対する監査報告についても，責任を有する役員の責任の下に行われる必要がある。ただし，責任を有する役員の指示に基づき，他の役職員が実習実施機関に赴き，技能実習の実施状況の確認を行うなど監査の一部を行うことは差し支えない。しかし，そうした一部代行をした場合であっても，監査報告の責任は，技能実習の運営について責任を有する役員である。また，責任を有する役員が実習実施機関の経営者又は職員を兼務するときは，健全な監査の実施の確保の観点から，当該実習実施機関に対する監査は，他の役員が行わなければならない。

　監査の内容は，技能実習計画に従った技能実習が実施されているか等の技能実習の実施状況，出勤簿や賃金台帳等により賃金の支払が労働関係法令の規定に適合しているかなど実習実施機関に関する監査のほか，技能実習生の実習や生活態度が良好か，技能実習に対する不満や要望等，技能実習生に関する監査を実施する。

　なお，団体要件省令で求められている監査の実施は3か月ごとに1回以上であるが，新規に技能実習生を受け入れる監理団体及び不正行為があったと認定され一定期間の受入停止期間後に技能実習生の受入れを再開する監理団体に対しては，最初の6か月間は毎月監査報告を行うよう地方入国管理局では指導している。

　また，監理団体は，実習実施機関が上陸基準省令第16号の不正行為の表に規定されている技能実習に係る不正行為を知った場合，直ちに監査を行い，その結果を地方入国管理局に報告しなければならない。

図表6-2：定期監査の実施内容

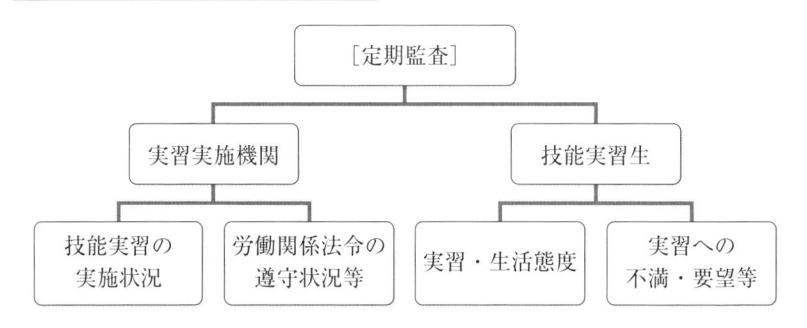

```
                    [定期監査]
                   /         \
            実習実施機関       技能実習生
            /      \          /       \
      技能実習の  労働関係法令の  実習・生活態度  実習への
      実施状況    遵守状況等                   不満・要望等
```

❷ 相談対応（団体要件省令第1条第4号）

　技能実習生が，実習実施機関において不当な扱いを受けあるいは人権侵害を受けているなどと申し出た場合に，監理団体が技能実習生を保護・支援できるようにするとされている。仮に不当な取扱いあるいは人権侵害を受けているような場合，技能実習生は実習実施機関の職員である技能実習指導員や生活指導員に対して相談しにくいことが想定されるためである。

　監理団体に配置する相談員は，必ずしも常勤職員である必要はないが，技能実習生からの相談が実習時間外になされることが想定されるため，休日や夜間の相談に対応できる体制が望ましい。また，相談員が技能実習生の母国語に精通していない場合であっても，必要に応じて通訳を確保して相談を行える体制が整っていれば差し支えない。

　なお，技能実習生の相談窓口として地方入国管理局や，都道府県労働局などの相談体制を活用しても差し支えない。これらの相談窓口を活用する場合，技能実習生がどこに連絡をすれば相談を受けられるかという点及び連絡方法を確実に伝えなければならず，また，入国後の講習の際に「技能実習生の法的保護に必要な情報」において伝えておく必要がある。

図表6−3：技能実習生の保護・支援のための相談体制

相談員
- 非常勤も可（休日・夜間対応可能な体制が望ましい）
- 母国語に精通していない場合は通訳の確保
- 行政の相談窓口の活用の教示

③ 訪問指導（団体要件省令第1条第8号）

　監理団体の役員又は職員による1か月ごとに1回以上の訪問指導の実施を義務付けるとされている。実習実施機関に赴き技能実習計画に従った技能実習が実施されているかを確認し，同時に適正な技能実習の実施について指導する。

　訪問指導は，技能実習計画の内容を十分に把握し，実習実施機関に対して適正な指導を行うことのできる者が行わなければならず，原則として技能実習計画の策定者が実施しなければならない。ただし，傘下の実習実施機関の数や所在地などの状況から，技能実習計画の策定者のみで訪問指導を行うことが困難である場合には，他の役職者によって訪問指導を実施しても差し支えないが，事前に計画策定者から訪問指導に必要な説明を受けなければならない。訪問指導を実施した際は，指導に関する文書の作成，事業所への備付け，技能実習終了日から1年以上の保存が義務付けられている。

　なお，3か月ごとに1回以上の定期監査と1か月ごとに1回以上の訪問指導は，それぞれの要件である"技能実習計画に従った技能実習の実施状況の確認"を満たしている場合には，定期監査と訪問指導を同時に行うことができる。

図表6－4：団体監理型における監理体制

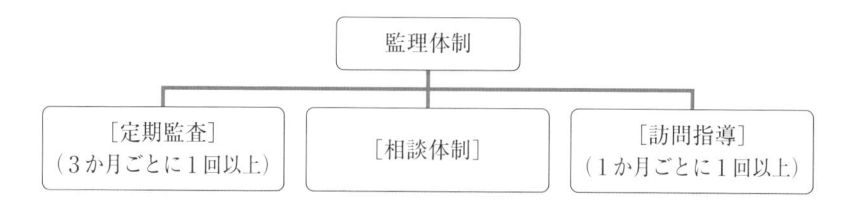

```
            ［監理体制］
    ┌───────────┼───────────┐
［定期監査］     ［相談体制］    ［訪問指導］
（3か月ごとに1回以上）          （1か月ごとに1回以上）
```

6 代行受入れ機関の確保に係る団体要件省令

| 第5号 | 継続不可能時の対応 | 実習実施機関における技能実習の継続が不可能となった場合に，監理団体が新たな実習実施機関の確保に努めることとされていること |

❶ 継続不可能時の対応（団体要件省令第1条第5号）

　実習実施機関の事業縮小・廃止，不正行為等の理由により技能等の修得活動の継続が不可能な事態が生じた場合，監理団体に対し新たな実習実施機関の確保に努めることを義務とするとされている。監理団体は技能実習の継続が不可能となった場合，速やかに新たな実習実施機関を確保できるよう，日頃から傘下の実習実施機関の状況を把握しておく必要がある。

　技能実習の継続が不可能となった場合は，上陸基準省令第9号により，実習実施機関は直ちにその事実と対応策について地方入国管理局に報告しなければならず，技能実習生が技能等の修得活動の継続を希望した場合には，その旨を地方入国管理局に申し出るとともに，団体要件省令第1条第5号により，同業他社とも協議するなどして技能実習生の受入先の確保に努める必要がある。

図表6-5：技能実習 継続不可能事由発生時の対応

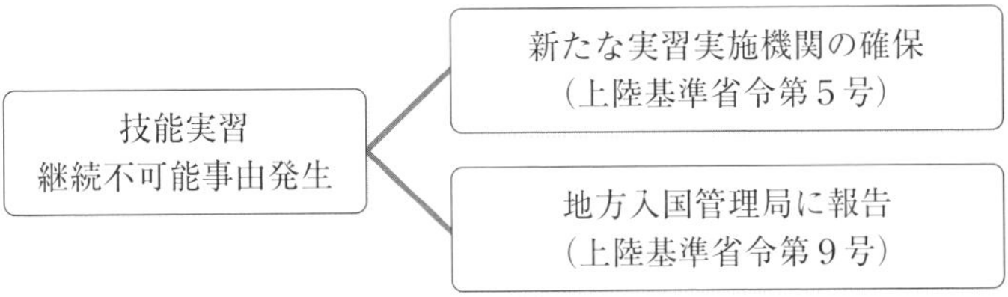

```
技能実習          →  新たな実習実施機関の確保
継続不可能事由発生       （上陸基準省令第5号）
                  →  地方入国管理局に報告
                      （上陸基準省令第9号）
```

7 監理費に係る団体要件省令

第6号	監理費の明確化	監理団体が監理に要する費用を徴収する場合は、技能実習生を受け入れる前に、費用を負担することとなる機関に対してその金額及び使途を明示するとともに、技能実習生に直接又は間接に負担をさせないこと

❶ 監理費の明確化（団体要件省令第1条第6号）

　監理団体に課せられている監理体制を維持するために要する費用を実習実施機関等から徴収する場合、当該費用の使途を明確にするとともに、監理費を技能実習生に直接又は間接に負担させることを禁止するとされている。

　上陸基準省令第8号による講習や団体要件省令第1条第3号による定期監査等に要する費用について、使途を明確にすることにより、監理費用として実習実施機関等から徴収することができる。しかし、技能実習生に対しては、直接・間接を問わず監理費を負担させてはならない。

　なお、宿泊施設や食事の提供、日用品の支給に要した費用は、監理費ではないので、その実費を技能実習生から徴収することができる。

図表6-6：監理費と実費の区分

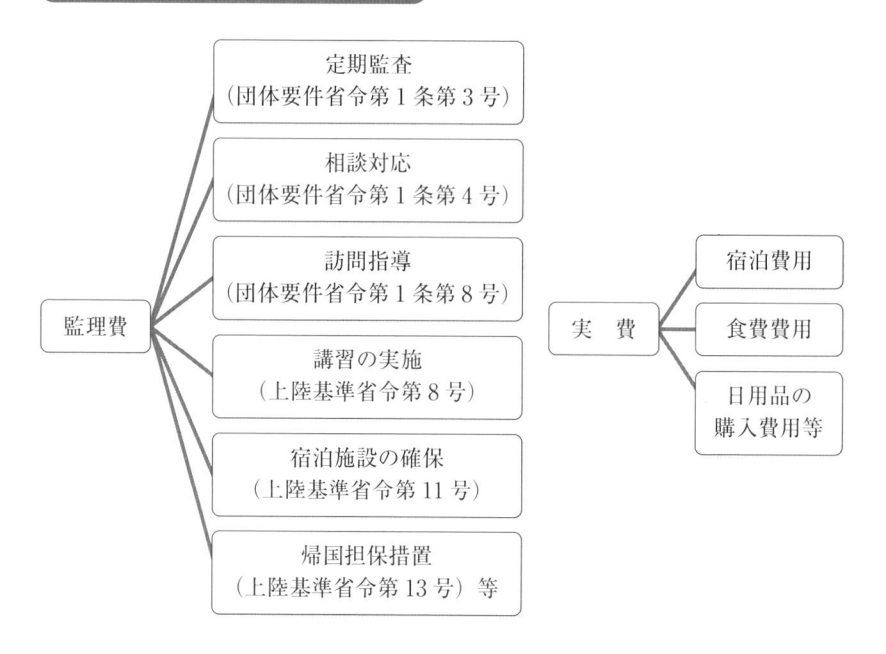

監理費
- 定期監査（団体要件省令第1条第3号）
- 相談対応（団体要件省令第1条第4号）
- 訪問指導（団体要件省令第1条第8号）
- 講習の実施（上陸基準省令第8号）
- 宿泊施設の確保（上陸基準省令第11号）
- 帰国担保措置（上陸基準省令第13号）等

実費
- 宿泊費用
- 食費費用
- 日用品の購入費用等

8 技能実習計画に係る団体要件省令

第7号	実習実施計画の策定	監理団体の役員又は職員であって，技能実習生が修得しようとする技能等について一定の経験又は知識を有し，技能実習第1号実施計画を適正に策定する能力のある者が当該計画を策定することとされていること

❶ 実習実施計画の策定（団体要件省令第1条第7号）

「一定の経験又は知識」を有する監理団体の役員又は職員による技能実習第1号実施計画の策定を義務付けるとされている。「技能実習生が修得しようとする技能等について一定の経験又は知識」の有無については，当該役員

又は職員の経歴や取得している資格等により判断され，例えば，次のような場合が該当するとされている。

1　当該技能実習等について5年以上の経験を有するなど，技能実習計画に係る到達目標とされている水準以上の十分な能力を有する者
2　当該技能実習に係る適正な研修計画又は技能実習計画を策定した経験を有する者（「適正な研修計画又は技能実習計画を策定した経験」とは，当該計画に基づいて研修・技能実習が実施された結果，適正に実施され，かつ終了していることをいう）

「修得しようとする技能等について一定の経験又は知識」は，技能検定等の職種ごとにその経験又は知識を有していることまでは求められず，農・漁業関係，建設，食品製造，繊維・衣服，機械・金属関係など，その分野の中で経験又は知識を有していれば，その分野においては，一定の経験又は知識を有しているものとみなされる。

技能実習第1号実施計画の策定義務は，監理団体に適正な当該計画を策定できる経験又は知識を有している職員の在籍の有無を確認する規定でもあり，また，技能実習第1号実施計画の策定は，技能実習を実施する実習実施機関の経営者又は職員であってはならない。

❷ 技能実習計画の到達レベルと評価方法

「技能実習1号」において修得する技能等のレベルは，「技能実習2号」に移行を予定している場合，"技能実習2号移行対象職種"に係る技能検定2級，その他これに準ずる検定又は試験に合格できる水準が必要である。

技能検定とは，職業能力開発促進法に基づく技能の習得レベルを評価する国家検定制度であり，都道府県職業能力開発協会等で実施されている。技能検定による技能実習2号移行対象職種は，53職種84作業となっている。技能検定2級に準ずる検定又は試験は，JITCO認定職種に係る各業界団体等で実施されており，技能実習2号移行対象職種は，15職種43作業となっている。

「技能実習2号」に移行を予定していない場合であっても，単純作業の繰

返しにより修得できる技能等ではなく、また、技能等の修得に一定の時間を要し、かつ、段階的に技能等が向上する実習実施計画でなければならない。

図表6－7：技能実習計画の到達レベルと評価方法

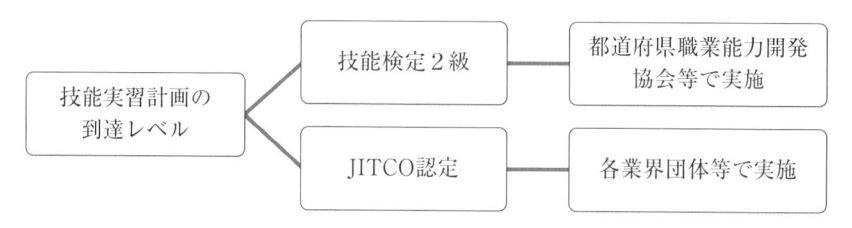

技能実習計画の到達レベル
- 技能検定2級 → 都道府県職業能力開発協会等で実施
- JITCO認定 → 各業界団体等で実施

9 「団体の責任及び監理」に係る在留資格該当性

❶ 監理団体の"責任"

　団体監理型の技能実習は、技能実習生の技能、技術若しくは知識を修得する活動が監理団体の責任の下に行われることとしている。

　監理団体は、我が国が先進国としての役割を果たしつつ国際社会との調和ある発展を図っていくため、技能等の開発途上国等への移転を図り、開発途上国等の経済発展を担う"人づくり"に協力することが技能実習制度の本来の目的としていることを十分に理解しなければならない。監理団体には技能実習制度の仕組みを把握し、制度運営に係る一切の責任がある。

　なお、こうした技能実習制度に対する監理団体の責任は、技能実習生が帰国するまで及ぶことになる。

❷ 監理団体の"監理"

　監理団体に求められる監理とは、実習実施機関において、技能実習計画に基づいて適正に技能実習が実施されているかどうかについて状況を確認し、かつ、適正な技能実習の実施を指導することをいう。

団体監理型の技能実習制度は，単独では受け入れることができない中小企業等においても技能実習生の受入れにより国際貢献を可能とするものである。監理団体による厳格な監理が要件とされているのは，中小企業等の技能実習実施能力を補完し，適正な技能実習が実施されることを目的としており，技能実習生の受入れが労働力不足の解消を目的としていないためである。こうした団体監理型の技能実習制度の趣旨から，単に全体を統制することなどを意味する"管理"ではなく，物事を監督・管理する，取り締まることを意味する"監理"の文字が用いられている。

　監理団体の監理には，定期監査の実施，相談体制の構築，技能実習第1号実施計画策定，訪問指導などの要件，その他講習，帰国担保措置など多くの要件が課されている。一方で，監理団体が他の機関に監理に係る業務の全てを委託するなどして監理団体が監理の実施に関与せず，単に名目のみの監理をしている場合には，当該技能実習が監理団体の監理の下に行われているとは認められない。

　なお，技能実習に対する監理団体の監理は，監理団体の責任と同様に技能実習生が帰国するまで及ぶことになる。

図表6-8：監理団体の"責任"及び"監理"

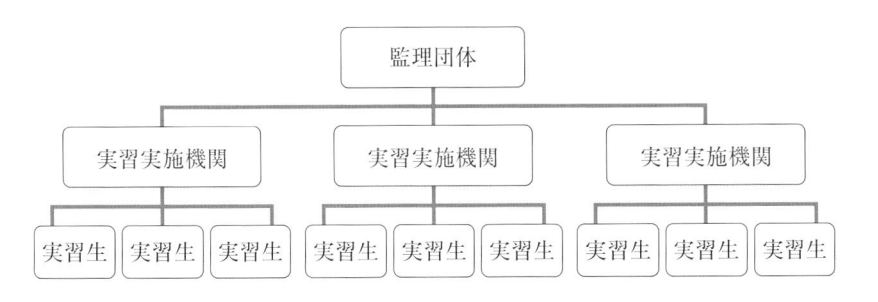

```
                    監理団体
        ┌──────────────┼──────────────┐
     実習実施機関     実習実施機関     実習実施機関
     ┌──┼──┐       ┌──┼──┐       ┌──┼──┐
   実習生 実習生 実習生  実習生 実習生 実習生  実習生 実習生 実習生
```

10 「公私の機関」に係る在留資格該当性

❶ 実習実施機関の積極的な体制

　入管法上在留資格「技能実習」は,「団体の責任及び監理の下に本邦の公私の機関との雇用契約に基づいて当該機関の業務に従事して行う技能等の修得をする活動」に該当する活動とされている。この「公私の機関」は,技能実習生を受入れて自らの指導の下に技能実習を実施する実習実施機関であり,そのための技能等を教える積極的な体制を整えていることが必要である(「技能実習1号イ」(1)①参照)。

❷ 受入れ機関の財務状況

　技能実習事業を継続していくに当たっては,技能実習生を受け入れる実習実施機関の経営が安定して継続していくことが必要である。
　実習実施機関の財務状況は,貸借対照表及び損益計算書などの決算関連資料により,技能実習を実施するに足りる経済活動の実態を有しているか否かにより判断される。例えば,収益が上がらず赤字決算の場合であっても,財務上危機的状況にある場合は別として,単に赤字ということだけで技能実習生の受入れを認められないとするものではない。

11 「雇用契約」に係る在留資格該当性

❶ 技能実習,講習と雇用契約の関係

　団体監理型による技能実習制度は,営利を目的としない監理団体により受け入れられて行う日本で生活する上で必要な"知識の修得活動"及び技能実習生と本邦の公私の機関との雇用契約に基づいた産業上の"技能,技術若しくは知識の修得活動"である。

日常生活に必要な知識の修得活動である講習は雇用契約を前提としておらず，また「技能実習1号ロ」の4つ全ての講習科目については，実習実施機関で実施される技能等の修得活動の前に行う必要がある。そのため，技能等の修得活動を実施するために前提となる雇用契約は，講習期間終了後を雇用契約の始期を定めるのが一般的である。

図表6－9：知識の修得活動・技能等の修得活動と雇用契約

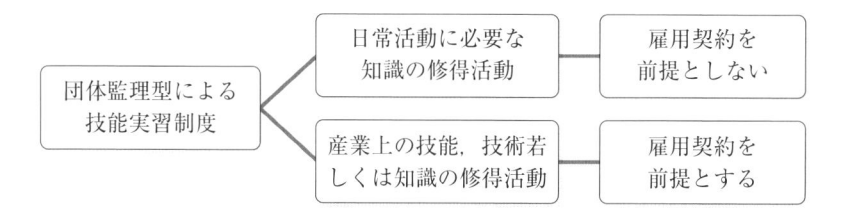

```
                        ┌─ 日常活動に必要な ─── 雇用契約を
団体監理型による          知識の修得活動       前提としない
技能実習制度  ─────┤
                        └─ 産業上の技能，技術若 ── 雇用契約を
                           しくは知識の修得活動   前提とする
```

12 「技能，技術若しくは知識」に係る在留資格該当性

❶ 技能実習生が修得する「技能，技術若しくは知識」のレベル

　技能実習生が修得する技能，技術若しくは知識は，その技能等を本邦における技能実習活動により修得し本国に移転する目的があるため，帰国後にその修得した技能等を要する業務に従事することが予定されていなければならず，かつ，修得しようとする技能等のレベルについては，既に技能実習生本人が身につけている程度の技能等で対応できる技能実習や，技能実習計画の到達目標が低いものは，在留資格該当性を満たさない（「技能実習1号イ」(5)参照）。

第2 在留資格「技能実習1号ロ」に係る「上陸基準適合性」

1 申請人（技能実習生）に係る上陸基準省令

第2号	年齢及び技能等の帰国後の活用	18歳以上であり、かつ、国籍又は住所を有する国に帰国後本邦において修得した技能等を要する業務に従事することが予定されていること
第4号	外国における業務経験	申請人が本邦において修得しようとする技能等を要する業務と同種の業務に外国において従事した経験を有すること、又は申請人が当該技能実習に従事することを必要とする特別な事情があること
第5号	外国の公的機関による推薦	申請人が国籍又は住所を有する国の、国若しくは地方公共団体の機関又はこれらに準ずる機関の推薦を受けて技能等を修得しようとする者であること

❶ 年齢及び技能等の帰国後の活用（上陸基準省令第2号）

　技能実習による技能等の移転を確保するとされている。申請人の本国での職業と無関係な職種に係る技能実習は、原則として、帰国後において修得した技能等を要する業務に従事することが予定されているとはいえないため、申請人に係る上陸基準適合性は認められない（上陸基準省令「技能実習1号イ」第3号参照）。

　実習実施機関や送出し機関において技能実習制度の趣旨の理解が不十分と認められる場合、必要に応じて実習実施機関に対し、帰国した技能実習生の就業状況を本国の所属機関などを通じて確認し報告することを求められることがある。合理的な理由がなく、本邦で修得した技能等を要する業務に従事している者の割合が著しく低い場合、改善策の提出を求められることがあ

り，改善されない場合は，"技能等の帰国後の活用"の申請人に係る上陸基準適合性は認められず，その後の技能実習生の受入れは困難となる。

❷ 外国における業務経験（上陸基準省令第4号）

申請人が外国において技能実習を受ける業務と同種の業務に従事した経験を求めるとされている。これは，技能実習制度が技能実習によってスキルアップ（技能等の向上）させることを目的とするもので，無経験の者を初歩から教育・訓練するものでなく，かつ，技能実習生にその技能等についての知識や経験があることが，入国後の技能等の修得活動が効果的に行われることを踏まえて設けられている。

「申請人が当該技能実習に従事することを必要とする特別な事情」とは，本国の職業訓練学校を卒業したなどの事情のほか，技能実習を受けることが日本と外国との間の技術協力上必要であること等の事情も含まれる。特別な事情を有すると認められた場合，外国における業務経験がない場合でも申請人に係る上陸基準適合性が認められる。

❸ 外国の公的機関による推薦（上陸基準省令第5号）

本国又は住所地の国の機関，地方公共団体の機関又はそれらに準じる機関（日本の独立行政法人や特殊法人に相当する機関）の推薦を受けていることを求めるとされている。本国等の公的機関が，技能実習参加を意義あるものと認めている旨を，推薦というかたちで明らかにするものである。

図表6-10:推薦状等の外国の公的機関

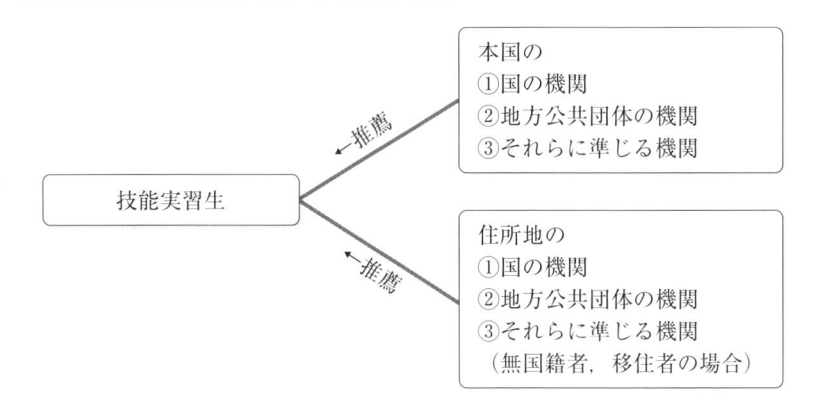

技能実習生 ←推薦— 本国の
　①国の機関
　②地方公共団体の機関
　③それらに準じる機関

技能実習生 ←推薦— 住所地の
　①国の機関
　②地方公共団体の機関
　③それらに準じる機関
　（無国籍者，移住者の場合）

2　技能等に係る上陸基準省令

第1号	技能等の種類	申請人が修得しようとする技能，技術又は知識が同一の作業の反復のみによって修得できるものではないこと
第3号	技能等の現地修得困難	申請人が住所を有する地域において修得することが不可能又は困難である技能等を修得しようとすること

❶ 技能等の種類（上陸基準省令第1号）

　同一作業の繰返しのみによって修得できる内容の技能実習は認めないとされている。単純作業や非熟練作業を技能実習として行うことを目的とした場合，技能等に係る上陸基準適合性は認められない（上陸基準省令「技能実習1号イ」第2号参照）。

❷ 技能等の現地修得困難（上陸基準省令第3号）

　本邦で行う必要性のある技能実習に限るとされている。外国人が修得しよ

うとする技能等が自国において修得可能であれば，本邦において技能実習を実施する必要性がないため，技能等に係る上陸基準適合性は認められない（上陸基準省令「技能実習1号イ」第4号参照）。

なお，多くの職種（例えば溶接，縫製，農業，水産加工等々）は，いずれもその本国において修得することは可能であり国籍はないものであるが，これらの職種であってもより高度な，より精密な技能等を修得しようとする場合は上陸基準に適合する。

3 保証金・違約金徴収に係る上陸基準省令

第6号	保証金・違約金徴収の禁止	申請人又はその配偶者，直系若しくは同居の親族その他申請人と社会生活において密接な関係を有する者が，技能実習に関連して，次に掲げるいずれの機関からも保証金を徴収されていないこと，その他名目のいかんを問わず，金銭その他の財産を管理されておらず，かつ，当該技能実習が終了するまで管理されないことが見込まれることのほか，当該機関との間で，労働契約の不履行に係る違約金を定める契約その他の不当に金銭その他の財産の移転を予定する契約が締結されておらず，かつ，当該技能実習が終了するまで締結されないことが見込まれること イ　送出し機関 ロ　監理団体 ハ　実習実施機関 ニ　あっせん機関
第7号	違約金等契約の禁止	前号イからニまでに掲げる機関相互の間で，本邦において申請人が従事する技能実習に関連して，労働契約の不履行に係る違約金を定める契約その他の不当に金銭その他の財産の移転を予定する契約が締結されておらず，かつ，当該技能実習が終了するまで締結されないことが見込まれること

❶ 保証金・違約金契約等の禁止(上陸基準省令第6号)

　技能実習生の失踪防止等を目的として，技能実習生本人あるいは当該技能実習生と社会生活において密接な関係を有する者と，送出し機関，監理団体，実習実施機関又はあっせん機関との間で保証金や違約金を定める契約などを締結することを禁止するとされている。「社会生活において密接な関係を有する者」とは，具体的には配偶者，親族，その他友人や職場の上司などをいう(上陸基準省令「技能実習1号イ」第5号参照)。

図表6－11：保証金・違約金契約等の禁止の関係

```
        保証金・違約金を定める契約の締結
┌──────────────────┐        ┌──────────────────┐
│ 技能実習生(本人)又は │        │    送出し機関      │
│「社会生活において密接な│  ⇔   │    監理団体       │
│ 関係を有する者」(親族等)│  禁止  │    実習実施機関    │
│                   │        │    あっせん機関    │
└──────────────────┘        └──────────────────┘
```

❷ 違約金等契約の禁止(上陸基準省令第7号)

　技能実習生が失踪した場合等，監理団体又は実習実施機関が送出し機関又はあっせん機関から違約金を徴収する内容の契約などをあらかじめ又は上陸許可後に締結することを禁止するとされている。

　これら機関の相互間で違約金を定めるような契約を容認した場合，違約金を払う機関が技能実習生から保証金や高額な手数料等をあらかじめ徴収するおそれがあり，技能実習生の保護のために定められたものである。

　なお，現実に生じた損害・費用について送出し機関等に賠償請求することを禁止するものではない(上陸基準省令「技能実習1号イ」第6号参照)。

図表6-12:違約金契約の禁止の機関相互の関係

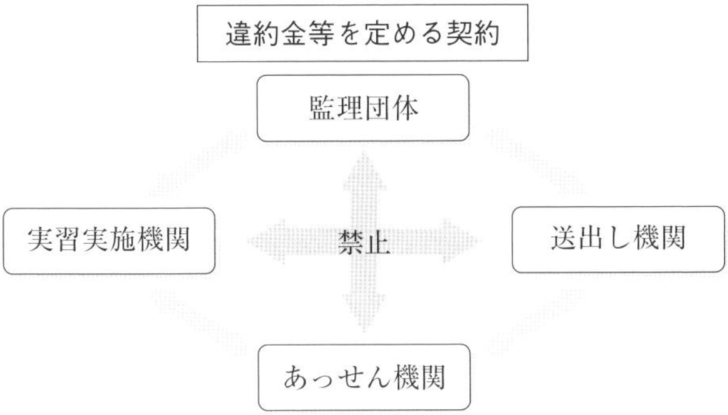

```
        違約金等を定める契約
            監理団体
                ↑
実習実施機関 ← 禁止 → 送出し機関
                ↓
            あっせん機関
```

4 講習に係る上陸基準省令

第8号	講習（座学）の実施	監理団体が次に掲げる要件に適合する講習を座学（見学を含む）により実施すること イ　講習の科目が次に掲げるものであること 　(1)　日本語 　(2)　本邦での生活一般に関する知識 　(3)　入管法，労働基準法その他技能実習生の法的保護に必要な情報（専門的な知識を有する者（監理団体又は実習実施機関に所属する者を除く）が講義を行うものに限る） 　(4)　(1)から(3)までに掲げるもののほか，本邦での円滑な技能等の修得に資する知識 ロ　監理団体が本邦において実施する講習の総時間数が，申請人が本邦において活動（技能実習）に従事する予定の時間全体の6分の1以上であること。ただし，申請人が次のいずれかに該当する講習又は外部講習を受けた場合は，12分の1以上であること。なお，講習時間の算定に当たっては，1日の講習の実施時間が8時間を超える場合にあっては，8時間とする。 　(1)　過去6月以内に監理団体が本邦外において実施したイの(1)，(2)又は(4)の科目に係る講習で，1月以上の期間を有し，かつ，160時間以上の課程を有するもの 　(2)　過去6月以内に外国の公的機関又は教育機関が申請人の本邦において従事しようとする技能実習に資する目的で本邦外において実施したイの(1)，(2)又は(4)の科目に係る外部講習（座学（見学を含む）によ

		るものに限る）で，1月以上の期間を有し，かつ，160時間以上の課程を有するもの（監理団体においてその内容が講習と同等以上であることを確認したものに限る） ハ　本邦における講習が，申請人が実習実施機関において技能等の修得活動を実施する前に行われること

❶ 講習の実施（講習内容）（上陸基準省令第8号イ）

　実習実施機関等が実施する講習の内容について規定されている。講習は，いわゆる座学によることを基本とし，商品を生産しない場合であっても，商品を生産する施設での機械操作や試作品の製造などは講習に含まれないが，技能実習を実施する施設等の見学は，講習の一部であることを前提としている場合に限り許容される。

　第8号イ(3)の括弧書き「専門的な知識を有する者（監理団体又は実習実施機関に所属する者を除く）が講義を行うものに限る」は，「技能実習1号イ」とは異なり，監理団体又は実習実施機関の職員以外の弁護士，社会保険労務士，行政書士などの外部講師が，入管法令，労働関係法令「技能実習生の法的保護に必要な情報」に係る講義を担当しなければならない。「技能実習1号ロ」では，「技能実習生の法的保護に必要な情報」に係る講義を，より適切に実施する観点から規定されている。

　第8号イ(4)の「本邦での円滑な技能等の修得に資する知識」とは，具体的に機械の構造や操作に関する知識が該当するが，これら以外にも技能実習への心構えや企業内における規律等が該当する。また，技能実習を実施する施設等の見学は，この科目に該当する（上陸基準省令「技能実習1号イ」第7号参照）。

❷ 講習の実施（講習時間）（上陸基準省令第8号ロ）

　監理団体等が実施する講習の時間について定められている。講習は，技能実習生が在留資格「技能実習」の活動に従事する予定の時間全体の6分の1

以上行うことが義務付けられているが,「技能実習1号イ」と同様,一定要件の入国前の講習を実施することにより,本邦入国後の講習時間"6分の1以上"の基準を"12分の1以上"に短縮することが認められている。

入国前の講習の要件は,申請人が上陸基準省令第8号ロ(1)(2)のいずれかに該当する本邦入国前の講習又は外部講習の受講である。講習時間の算定に当たっては,1日の講習の実施時間が8時間を超える場合,8時間として計算する。

図表6－13：上陸基準省令第8号ロ(1)(2)

入国前の講習
1　過去6月以内に監理団体が本邦外において実施したイの(1),(2)又は(4)の科目に係る講習で,1月以上の期間を有し,かつ,160時間以上の課程を有するもの
2　過去6月以内に外国の公的機関（※1）又は教育機関（※2）が申請人の本邦において従事しようとする技能実習に資する目的で本邦外において実施したイの(1),(2)又は(4)の科目に係る外部講習（座学（見学を含む）によるものに限る）で,1月以上の期間を有し,かつ,160時間以上の課程を有するもの（監理団体においてその内容が講習と同等以上であることを確認したものに限る）

※1　外国の公的機関とは,外国の国又は地方公共団体の機関をいう。
※2　外国の教育機関とは,外国の国・地域における学校教育制度に照らして正規の教育機関として認定されており,原則として,義務教育修了後に入学するものをいう。

上陸基準省令では,監理団体が実施主体となるものを"講習"とし,監理団体以外の機関が実施主体となるものを"外部講習"としている。監理団体が自ら実施する"講習"は,監理団体の職員が海外に出張するなどして監理団体が確保した講習用施設において自ら講習を実施する講習である。

監理団体以外の機関が実施主体となる"外部講習"は,外国の公的機関又は教育機関が技能実習に役立つ目的で実施される講習である。"外部講習"の内容については"講習"の内容と同等以上であることが必要であり,監理団体は,カリキュラムや教材等により確認しなければならない。

なお，監理団体が実施主体となる"講習"と監理団体以外の機関が実施主体となる"外部講習"は，他の機関に外部委託する場合も含まれる。これらをまとめると次の図表のようになる（上陸基準省令「技能実習1号イ」第7号参照）。

図表6-14：海外における入国前講習

講習実施主体	講習	外部講習	
	監理団体	外国の公的機関	外国の教育機関
実施期限	過去6月以内		
講習目的	技能実習に資する		
講習科目	イの(1)，(2)又は(4)		
講習形式	座学（見学を含む）によるものに限る		
実施期間・時間	1月以上の期間を有し，かつ，160時間以上		
講習の確認	—	実習実施機関においてその内容が講習と同等以上であることを確認したものに限る	

❸ 講習の実施（講習時期）（上陸基準省令第8号ハ）

本邦における監理団体が実施する講習の時期について定められている。「技能実習1号ロ」では，イの(1)から(4)の全ての講習科目について実習実施機関で実施される技能等の修得活動の前に行う必要がある。

「技能実習1号ロ」では，技能実習生と実習実施機関との間の雇用契約の効力が発生する前に監理団体が実施する講習のみが，上陸基準省令で規定する講習の必要時間数に含まれる。そのため，雇用契約の効力が発生した後に監理団体が講習を実施しても，上陸基準省令が規定する講習の必要時間数には含まれない。

図表6−15：講習の実施時期

(1) 日本語
(2) 本邦での生活一般に関する知識
(3) 入管法，労働基準法その他技能実習生の法的保護に必要な情報
(4) (1)から(3)のほか，本邦での円滑な技能等の修得に資する知識

・全ての講習を受講後に技能等の修得活動に移る

5 報酬に係る上陸基準省令

| 第21号 | 報酬額 | 申請人に対する報酬が，日本人が従事する場合の報酬と同等額以上であること |

1 報酬の範囲（上陸基準省令第21号）

実習実施機関が技能実習生に対して支払う報酬，賃金，給与等について定めるとされている。上陸基準省令でいう「報酬」とは，報酬，賃金，給与，給料，賞与その他名称にかかわらず，一定の役務の給付の対価として与えられる反対給付，すなわち労働の対価として支払われる金銭等をいう。通勤手当や扶養手当，住宅手当等は，実費弁償の性格を有する金銭のため，ここでいう報酬には含まれない（上陸基準省令「技能実習1号イ」第8号参照）。

6 指導員に係る上陸基準省令

| 第22号 | 技能実習指導員 | 申請人が従事しようとする技能実習が，実習実施機関の常勤の職員で修得しようとする技能等について5年以上の経験を有する技能実習指導員の指導の下に行われること |

第23号	生活指導員	実習実施機関に申請人の生活の指導を担当する生活指導員の職員が置かれていること

❶ 技能実習指導員（上陸基準省令第22号）

　適切な指導能力のある技能実習指導員の指導の下，技能実習が実施されることを求めるとされている。

　技能実習指導員に求められる5年間の職務経歴は，当該技能実習実施機関における職歴（5年間）に限定されず，他社，他事業所における同種職歴の期間を合算することができる。

　技能実習生が実習実施機関において行う技能等の修得活動は，例外なく技能実習指導員の指導の下に行われなければならない（上陸基準省令「技能実習1号イ」第9号参照）。

❷ 生活指導員（上陸基準省令第23号）

　技能実習生は日本人とは異なる文化，風俗，慣習の地から来日しているため，技能実習生の日本における生活について，適切な指導能力のある生活指導員の確保を求めるとされている。

　生活指導員は常勤職員である必要はないが，技能実習生の日本における日常生活の基本的なルールなどについて生活指導を行うことのほか，技能実習生の生活状況を把握し，さらには相談役としての役割を担うなど日常生活上の補助を行うものであるから，技能実習生が安心して技能等の修得活動に専念できるよう適任者を充てることが重要である（上陸基準省令「技能実習1号イ」第10号参照）。

7 受入れ人数に係る上陸基準省令

第24号	受入れ人数枠(職業訓練法人(社団かつ社員の中小企業者を除く),公益社団法人若しくは公益財団法人(農業技術協力を除く))	監理団体が団体要件省令の職業訓練法人(社団であり,かつ,社員である中小企業者である場合を除く)又は公益社団法人若しくは公益財団法人(開発途上国に対する農業技術協力を目的とするものを除く)のいずれかに該当する場合は,申請人を含めた実習実施機関に受け入れられている技能実習生(技能実習1号活動従事者)の人数が当該機関の常勤の職員(外国にある事業所に所属する常勤職員及び技能実習生を除く)の総数の20分の1(5%)以内であること
第25号	受入れ人数枠(商工会議所若しくは商工会,中小企業団体,職業訓練法人(社団かつ社員の中小企業者に限る))	監理団体が団体要件省令の商工会議所若しくは商工会,中小企業団体又は職業訓練法人(社団であり,かつ,社員である中小企業者である場合に限る)のいずれかに該当する場合は,申請人を含めた実習実施機関に受け入れられている技能実習生(技能実習1号活動従事者)の人数が当該機関の常勤の職員(外国にある事業所に所属する常勤職員及び技能実習生を除く)の総数を超えるものでなく,かつ,次の表に掲げる当該総数に応じそれぞれ同表に掲げる人数(1人未満の端数切捨て)の範囲内であること
第26号	受入れ人数枠(農業協同組合,公益社団法人若しくは公益財団法人(農業技術協力に限る))	監理団体が団体要件省令の農業協同組合又は公益社団法人若しくは公益財団法人(開発途上国に対する農業技術協力を目的とするものに限る)に該当する場合は,次に掲げる要件に適合すること イ 実習実施機関が法人である場合は,申請人を含めた実習実施機関に受け入れられている技能実習生(技能実習1号活動従事者)の人数が当該機関の常勤の職員(外国にある事業所に所属する常勤職員及び技能実習生を除く)の総数を超えるものでなく,かつ,次の表に掲げる当該総数に応じそれぞれ同表に掲げる人数(1人未満の端数切捨て)の範囲内であること ロ 実習実施機関が法人でない場合は,申請人を含めた実習実施機関に受け入れられている技能実習生(技能実習1号活動従事者)の人数が2人以内であること
第27号	受入れ人数枠(漁業協同組合(漁船漁業))	監理団体が団体要件省令の漁業協同組合に該当する場合であって,技能実習の内容が船上において漁業を営むものであるときは,次に掲げる要件に適合すること イ 申請人を含めた漁船に乗り組む技能実習生(技能実習1号活動従事者)の人数が各漁船につき2人以内であること ロ 申請人を含めた漁船に乗り組む技能実習生の人数が各漁船につき実習実施機関の乗組員(技能実習生を除く)の人数を超えるものでないこと

		ハ 技能実習指導員が毎日1回以上，各漁船における技能実習の実施状況を確認し，無線その他の通信手段を用いて監理団体に対して報告することとされていること ニ 申請人が毎月（技能実習が船上において実施されない月を除く）1回以上，技能実習の実施状況に係る文書を監理団体に提出することとされていること ホ 監理団体がハの報告及びニの文書により，技能実習が適正に実施されていることを確認し，その結果を3月につき少なくとも1回当該監理団体の所在地を管轄する地方入国管理局に報告することとされていること ヘ 監理団体がハの報告について記録を作成し，ニの文書とともにその主たる事業所に備え付け，当該技能実習の終了の日から1年以上保存することとされていること
第28号	受入れ人数枠 （漁業協同組合 （漁船漁業以外））	監理団体が団体要件省令の漁業協同組合に該当する場合であって，技能実習の内容が船上において漁業を営むものでないときは，次に掲げる要件に適合すること イ 実習実施機関が法人である場合は，申請人を含めた実習実施機関に受け入れられている技能実習生（技能実習1号活動従事者）の人数が当該機関の常勤の職員（外国にある事業所に所属する常勤職員及び技能実習生を除く）の総数を超えるものでなく，かつ，次の表に掲げる当該総数に応じそれぞれ同表に掲げる人数（1人未満の端数切捨て）の範囲内であること ロ 実習実施機関が法人でない場合は，申請人を含めた実習実施機関に受け入れられている技能実習生（技能実習1号活動従事者）の人数が2人以内であること
第29号	受入れ人数枠 （法務大臣告示 （個人営農・漁業以外，個人営農，漁業））	監理団体が団体要件省令の法務大臣告示に該当する場合であって，当該団体の監理の下に法務大臣が告示をもって定める技能実習を行うときは，次に掲げる要件に適合すること イ 実習実施機関が農業を営む機関（法人を除く）又は漁業を営む機関でない場合は，申請人を含めた実習実施機関に受け入れられている技能実習生（技能実習1号活動従事者）の人数が当該機関の常勤の職員（外国にある事業所に所属する常勤職員及び技能実習生を除く）の総数を超えるものでなく，かつ，次の表に掲げる当該総数に応じそれぞれ同表に掲げる人数（1人未満の端数切捨て）の範囲内であること ロ 実習実施機関が農業を営む機関（法人を除く）である場合は，申請人を含めた実習実施機関に受け入れられている技能実習生（技能実習1号活動従事者）の人数が2人以内であること ハ 実習実施機関が漁業を営む機関である場合であっ

		て，技能実習の内容が船上において漁業を営むものであるときは，第27号の要件に適合すること ニ　実習実施機関が漁業を営む機関である場合であって，技能実習の内容が船上において漁業を営むものでないときは，前号の要件に適合すること

[特例人数枠]

実習実施機関の常勤職員の総数	技能実習生の人数
301人以上	常勤の職員の総数の20分の1
201人以上300人以下	15人
101人以上200人以下	10人
51人以上100人以下	6人
50人以下	3人

❶「技能実習1号ロ」の受入れ人数枠（上陸基準省令第24〜29号）

　監理団体が受け入れることができる技能実習生の人数枠について，基本と特例を定めるとされている。いずれの監理団体も，団体要件省令の規定と関連付けして定められている。

　受入れ人数枠は"監理団体の種類"，"実習実施機関の要件・対象実習"を基本区分とし，農業及び漁業の一部については，"実習実施機関の法人・非法人"により細分化し，次のように類型化している。

図表6－16：団体監理型の受入れ人数枠　一覧

上陸基準1号ロ	団体要件省令	監理団体の種類		実習実施機関の要件・対象実習	受入れ人数枠
	1条1号ハ	職業訓練法人	社団，財団	社員である中小企業者以外	常勤職員の20分の1

第24号	1条1号ヘ	公益社団・財団法人（含む特例社団法人・特例財団法人）	農業技術協力を除く		常勤職員の20分の1	
第25号	1条1号イ	商工会議所・商工会	会員		特例人数枠	
	1条1号ロ	中小企業団体	組合員又は会員		特例人数枠	
	1条1号ハ	職業訓練法人	社団	社員である中小企業者	特例人数枠	
第26号	1条1号ニ	農業協同組合	組合員で営農		法人	特例人数枠
	1条1号ヘ	公益社団・財団法人（含む特例社団法人・特例財団法人）	農業技術協力		非法人	2人以内
第27号	1条1号ホ	漁業協同組合	組合員	漁船漁業	2人以内	
第28号				漁船漁業以外	法人	特例人数枠
					非法人	2人以内
第29号	1条1号ト	法務大臣告示団体	「個人営農・漁業」以外		特例人数枠	
			個人営農		2人以内	
			漁業	漁船漁業	2人以内	
				漁船漁業以外	法人	特例人数枠
					非法人	2人以内

※ 「実習実施機関の常勤職員」には，外国にある事業所に所属する常勤職員及び技能実習生（1号及び2号活動従事者）を除く
※ 特例人数枠が適用される場合，申請人を含めた実習実施機関に受け入れられている技能実習1号活動従事者の人数が，実習実施機関の常勤職員の総数を超えない範囲内であること
※ 特例人数枠は117・118頁参照

❷ 受入れ人数枠（職業訓練法人，公益社団法人・公益財団法人／上陸基準省令第24号）

　監理団体が職業訓練法人（社団であり，かつ，実習実施機関が当該団体の社員である中小企業者である場合を除く），公益社団法人若しくは公益財団法人（農業技術協力を除く）に受け入れることができる技能実習生の人数枠について定めるとされている。

　実習実施機関の常勤職員（外国にある事業所に所属する常勤職員及び技能実習生を除く）の総数の20分の1以内，すなわち常勤職員数の5パーセントを超えて技能実習生（申請人を含む実習1号活動従事者（以下「技能実習1号活動従事者」という））を受け入れることができない（上陸基準省令「技能実習1号イ」第11号参照）。

❸ 受入れ人数枠（商工会議所，中小企業団体，職業訓練法人／上陸基準省令第25号）

　監理団体が商工会議所若しくは商工会，中小企業団体又は職業訓練法人（社団であり，かつ，実習実施機関が団体の社員である中小企業者である場合に限る）に受け入れることができる技能実習生の人数枠について特例を定めるとされている。

　特例人数枠により，実習実施機関の常勤職員が仮に10人の場合であっても，技能実習生を3人まで受け入れることができる。ただし，申請人を含め受け入れることができる技能実習生（技能実習1号活動従事者）の人数は，実習実施機関の常勤職員の総数を超えることはできない（上陸基準省令「技能実習1号イ」第11号参照）。

❹ 受入れ人数枠（農業協同組合，公益社団法人・公益財団法人／上陸基準省令第26号）

　公益社団法人若しくは公益財団法人に受け入れることができる技能実習生の人数枠の特例等について定めるとされている。

　実習実施機関が法人である場合，特例人数枠により，実習実施機関の常勤職員が仮に10人の場合であっても，技能実習生を3人まで受け入れることが

できる。ただし，申請人を含め受け入れることができる技能実習生（技能実習1号活動従事者）の人数は，実習実施機関の常勤職員の総数を超えることはできない。

実習実施機関が法人ではない場合，申請人を含めた技能実習生（技能実習1号活動従事者）の人数が2人までであり，かつ，その人数は，実習実施機関の常勤職員の総数を超えることはできない。

5 受入れ人数枠（漁業協同組合（漁船漁業）／上陸基準省令第27号）

監理団体が漁業協同組合であって，船上において漁業を営む技能実習の場合に受け入れることができる技能実習生の人数枠について定めるとされている。申請人を含めた漁船に乗り組む技能実習生（技能実習1号活動従事者）の人数が各漁船につき2人までであり，かつ，その人数は，実習実施機関の常勤職員の総数を超えることはできない。

「船上において漁業を営む」とは，申請人が漁船漁業（かつお一本釣り，マグロはえ縄，イカ釣り，まき網，底曳網，定置網等，漁船に乗り組んで行う漁業）に従事することをいい，漁船に乗り組まない養殖等の漁業は該当しない。

図表6－17：漁船漁業の具体例

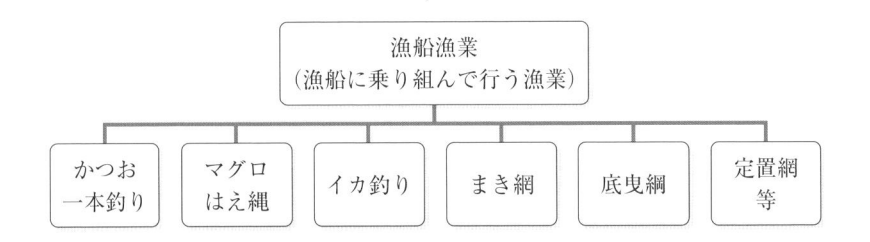

```
           漁船漁業
      （漁船に乗り組んで行う漁業）
  ┌──────┬──────┬──────┬──────┬──────┬──────┐
かつお   マグロ   イカ釣り  まき網   底曳網   定置網
一本釣り  はえ縄                              等
```

技能実習が船上で実施されるため，監理団体による訪問指導や相談対応が困難であることから，監理団体が無線等を通じて技能実習の実施状況を日々確認することや，技能実習生から定期的に技能実習の実施状況を報告させるなど，必要な指導等を行うことが求められる。さらに，監理団体は確認及び

指導等の内容について，定期的に地方入国管理局へ文書により報告する必要があり，これら文書は，事業所へ備付け1年以上保存しなければならない。

 図表6－18：漁船漁業の監理体制

| [①指導員・②実習生]
①毎日1回以上，状況報告
②毎月1回以上，文書提出 | [監理団体]
3か月につき少なくとも1回，地方入国管理局に報告 | [地方入国管理局]
技能実習が適正に行われているか確認 |

6 受入れ人数枠（漁業協同組合（漁船漁業以外）／上陸基準省令第28号）

監理団体が漁業協同組合であって，船上において漁業を営まない技能実習の場合に受け入れることができる技能実習生の人数枠の特例等について定めるとされている。「船上において漁業を営まない」とは，養殖，水産加工等の漁船に乗り組まずに業務に従事することをいい，船上において漁業を営む漁船漁業以外をいう。

 図表6－19：漁船漁業以外の具体例

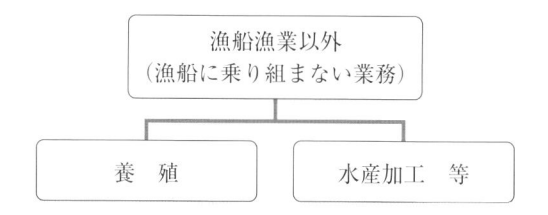

```
          漁船漁業以外
        （漁船に乗り組まない業務）
         ├──────┬──────┤
         養殖           水産加工 等
```

実習実施機関が法人である場合，特例人数枠により，実習実施機関の常勤職員が仮に10人の場合であっても，技能実習生を3人まで受け入れることができる。ただし，申請人を含め受け入れることができる技能実習生（技能実習1号活動従事者）の人数は，実習実施機関の常勤職員の総数を超えること

127

はできない。

　実習実施機関が法人ではない場合，申請人を含めた漁船に乗り組む技能実習生（技能実習1号活動従事者）の人数が各漁船につき2人までであり，かつ，その人数は，実習実施機関の常勤職員の総数を超えることはできない。

図表6－20：漁船漁業以外の法人・非法人の受入れ人数枠

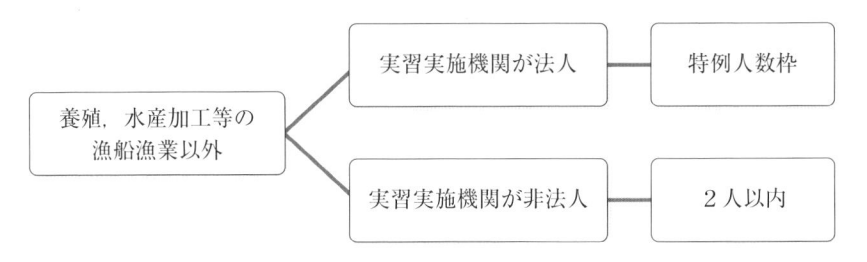

養殖，水産加工等の漁船漁業以外
├─ 実習実施機関が法人 ─ 特例人数枠
└─ 実習実施機関が非法人 ─ 2人以内

❼ 受入れ人数枠（法務大臣告示／上陸基準省令第29号）

　実習実施機関が個人営農・個人漁業以外の農業・漁業である場合及び，個人営農，個人漁業である場合に受け入れることができる技能実習生の人数枠の特例等について定めるとされている。

　実習実施機関が個人営農及び漁業以外の事業である場合，特例人数枠により，実習実施機関の常勤職員が仮に10人の場合であっても，技能実習生を3人まで受け入れることができる。ただし，申請人を含め受け入れることができる技能実習生（技能実習1号活動従事者）の人数は，実習実施機関の常勤職員の総数を超えることはできない。それに対し，実習実施機関が個人営農である場合，申請人を含めた技能実習生（技能実習1号活動従事者）の人数が2人までであり，かつ，その人数は，実習実施機関の常勤職員の総数を超えることはできない。

　実習実施機関が船上において漁業を営む漁船漁業の場合，申請人を含めた漁船に乗り組む技能実習生（技能実習1号活動従事者）の人数が各漁船につき2人までであり，かつ，その人数は，実習実施機関の常勤職員の総数を超え

ることはできない。

　実習実施機関が船上において漁業を営まない漁船漁業以外で法人の場合，特例人数枠により，実習実施機関の常勤職員が仮に10人の場合であっても，技能実習生を3人まで受け入れることができる。ただし，申請人を含め受け入れることができる技能実習生（技能実習1号活動従事者）の人数は，実習実施機関の常勤職員の総数を超えることはできない。それに対し法人ではない場合，申請人を含めた漁船に乗り組む技能実習生（技能実習1号活動従事者）の人数が各漁船につき2人までであり，かつ，その人数は，実習実施機関の常勤職員の総数を超えることはできない。

図表6－21：法務大臣告示団体の受入れ人数枠

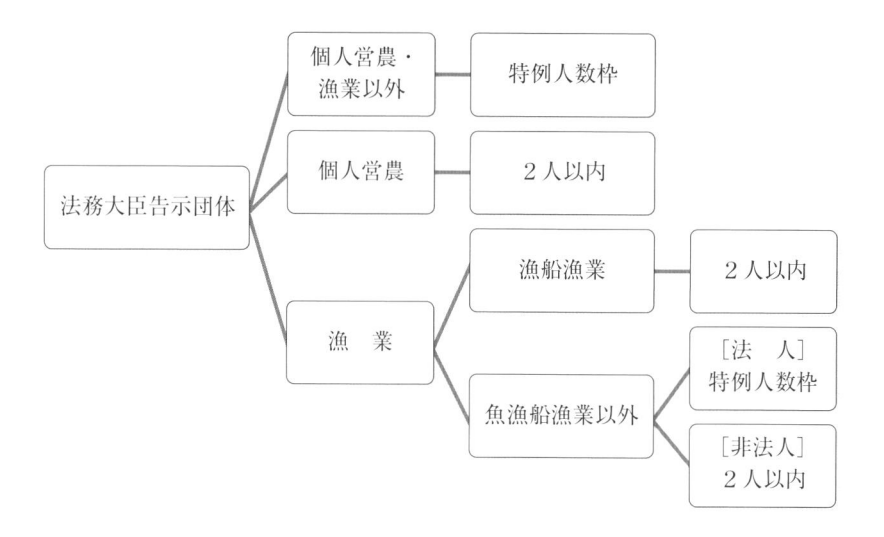

法務大臣告示団体
- 個人営農・漁業以外 → 特例人数枠
- 個人営農 → 2人以内
- 漁業
  - 漁船漁業 → 2人以内
  - 魚漁船漁業以外
    - ［法人］特例人数枠
    - ［非法人］2人以内

8 報告に係る上陸基準省令

第9号	帰国報告・活動継続不可能事由発生報告	監理団体が，技能実習生が技能等の修得活動を終了して帰国した場合又は当該活動を継続することが不可能となる事由が生じた場合は，直ちに，地方入国管理局に当該事実及び対応策（当該活動を継続することが不可能となる事由が生じた場合に限る）を報告することとされていること
第30号の2	不正行為に関する事実報告	実習実施機関が，「技能実習第1号ロ」の表に掲げる不正行為を行った場合は，直ちに，監理団体に当該不正行為に関する事実を報告することとされていること
第30号の3	継続不可能時の対応	実習実施機関が，技能実習の活動を継続することが不可能となる事由が生じた場合は，直ちに，監理団体に当該事実及び対応策を報告することとされていること

❶ 帰国報告・活動継続不可能事由発生報告（上陸基準省令第9号）

　技能実習生が技能等の修得活動を終了して帰国した場合又は失踪，疾病等の理由により当該活動の継続が不可能な事態が生じた場合に，監理団体に地方入国管理局への報告を義務付けるとされている。「当該活動を継続することが不可能となる事由」とは，技能実習生の失踪や疾病，実習実施機関の事業縮小・廃止，不正行為，その他実習実施機関と技能実習生との間の諸問題の発生が想定されている（上陸基準省令「技能実習1号イ」第12号参照）。

　監理団体は，直ちにその事実と対応策について地方入国管理局に報告しなければならず，さらに技能実習生が技能等の修得活動の継続を希望した場合には，その旨を地方入国管理局に申し出るとともに，団体監理型の団体要件省令第1条第5号により，同業他社とも協議するなどして技能実習生の受入れ先の確保に努める必要がある。新たな技能実習生の受入れ先が確保できた場合，地方入国管理局により，適正な技能実習を実施できる体制を有していると判断でき，かつ，技能実習の実施先を変更することが適当と認められる

場合に，引き続き在留資格「技能実習1号」の活動を継続することができる。

❷ 不正行為に関する事実報告（上陸基準省令第30号の2）

　実習実施機関が「不正行為」を行った場合に，監理団体への報告を義務付けるとされている。2012年（平成24年）11月1日に施行された改正上陸基準省令に新たに追加されたものである。2010年（平成22年）7月1日から施行されている改正入管法は，研修生・技能実習生の法的保護及びその法的地位の安定化を図るための措置が講じられているが，今次改正により，さらに研修生・技能実習生の保護の強化が図られている。

　報告しなければならない不正行為は，上陸基準省令第16号の不正行為の表に規定されている技能実習に係る行為である。そのような不正行為を行った場合は，その不正行為の態様や程度を問わず，監理団体への報告対象となる。そのため，監理団体は，実習実施機関に対し，報告が必要な不正行為に関して十分に説明し，報告を怠ることがないようにしなければならない。

　実習実施機関から不正行為の報告を受けた監理団体は，直ちに監査を行い，その結果を地方入国管理局に報告しなければならない（団体要件省令第3号参照）。

❸ 継続不可能時の対応（上陸基準省令第30号の3）

　技能実習生が技能等の修得活動を継続することが不可能となる事由が生じた場合に，監理団体への報告を義務付けるとされている。技能実習の活動が不可能となる事由としては，技能実習生の失踪や疾病，実習実施機関の事業廃止や不正行為，その他実習実施機関と技能実習生との間の諸問題が想定されている。

　実習実施機関には，技能実習計画に基づいた技能等の修得活動の継続が求められるが，事業の縮小や廃止などにより，実習実施機関が技能実習活動の継続が困難となる場合も考えられる。そうした場合，実習実施機関は，直ちにその事実と対応策について監理団体に報告しなければならず，報告を受け

た監理団体は，地方入国管理局に対して報告しなければならない（上陸基準省令第9号参照）。

9 施設に係る上陸基準省令

第10号	講習実施施設の確保	監理団体が講習を実施する施設を確保していること
第11号	宿泊施設の確保	監理団体又は実習実施機関が技能実習生用の宿泊施設を確保していること

❶ 講習実施施設の確保（上陸基準省令第10号）

　技能実習生が講習を受講するために，監理団体に対して講習を実施する施設の確保を求めるとされている。講習を実施する施設とは，机や椅子，ホワイトボードなどが備えられ，学習に適した施設のことをいう（上陸基準省令「技能実習1号イ」第13号参照）。

　実習実施機関の施設で講習を行うことは，技能実習生が実習実施機関の支配下に置かれるおそれがあるため望ましくないとされている。予定されていた講習施設が使用できず他の施設の確保も困難であるような場合など，やむを得ない事情により実習実施機関の会議室等で講習を行うときは，講習の主催者である監理団体の職員が講習の実施場所に常駐するなどして，講習が適切に実施されるための必要な措置を講じる必要がある。

❷ 宿泊施設の確保（上陸基準省令第11号）

　技能実習生が技能等の修得活動を継続していくために，監理団体又は技能実習機関にその宿泊施設の確保を求めるとされている。宿舎に関する規定は，労働基準法第10章（寄宿舎）により寄宿労働者の私生活の自由を保障し，安全衛生を維持するために定められている（上陸基準省令「技能実習1号イ」第14号参照）。

10 労災保険に係る上陸基準省令

第12号	労災保険等による保障措置	監理団体又は実習実施機関が，申請人が技能等の修得活動を開始する前に，その事業に関する労働者災害補償保険法による労働者災害補償保険（以下「労災保険」という）に係る保険関係の成立の届出その他これに類する措置を講じていること

❶ 労災保険等による保障措置（上陸基準省令第12号）

　技能実習生が実習実施機関での技能等の修得活動中に死亡，負傷又は疾病に罹患した場合，その補償が確実に行われるように補償措置を義務付けるとされている。

　労災保険に加入している場合には，補償措置が講じられていると認められ民間の任意保険の加入は義務付けられていないが，民間の任意保険に加入した場合でも，労災保険に加入する必要がある。

　なお，実習実施機関との雇用関係に基づかない講習期間中は，労災保険の加入は義務付けられていない（上陸基準省令「技能実習1号イ」第15号参照）。

11 帰国担保に係る上陸基準省令

第13号	帰国担保措置	監理団体が技能実習生の帰国旅費の確保その他の帰国担保措置を講じていること

❶ 帰国担保措置（上陸基準省令第13号）

　技能等を海外へ移転するという技能実習制度の趣旨に鑑み，技能実習生の帰国に支障を来さないようにするとされている。帰国担保措置は，帰国旅費の確保が中心であり，監理団体又は実習実施機関が帰国旅費の全額を負担し

なければならない。

　実習実施機関の事業縮小や廃止などにより技能実習が継続できなくなった場合，技能実習生の帰国旅費の確保が困難となる。そのため，監理団体又は実習実施機関は，技能実習生が本邦に入国した当初から帰国旅費を確保しておかなければならない（上陸基準省令「技能実習1号イ」第16号参照）。

12 文書作成等に係る上陸基準省令

第14号	講習実施状況文書作成・備付け・保存	監理団体が講習の実施状況に係る文書を作成し，その主たる事業所に備え付け，当該講習を含む技能実習の終了の日から1年以上保存することとされていること
第30号	実習実施状況文書作成・備付け・保存	実習実施機関が技能実習の実施状況に係る文書を作成し，技能実習を実施する事業所に備え付け，当該技能実習の終了の日から1年以上保存することとされていること

❶ 講習実施状況文書作成・備付け・保存（上陸基準省令第14号）

　講習の実施状況に係る文書作成，備付け及び当該文書の保存を監理団体に義務付けるとされている。

　「講習の実施状況に係る文書」とは，講習の実施時間，内容，講師等について記載した文書をいい，監理団体は，団体要件省令に規定される訪問指導を行った際の文書作成・備付け・保存のほか，講習の実施状況についても文書作成・備付け・保存が義務付けられている。保存期間の1年以上の起算日は，講習の終了日ではなく，講習を含む技能実習の終了日を起算としている。また，「技能実習2号ロ」に移行する場合は，その「技能実習2号ロ」の活動の終了日を起算としている。

❷ 実習実施状況文書作成・備付け・保存（上陸基準省令第30号）

　技能実習の実施状況に係る文書作成，備付け及び当該文書の保存を実習実施機関に義務付けるとされている。

　技能実習計画に基づいて技能実習を実施するため，実習内容や指導事項，今後の課題等を記載する"技能実習日誌"を作成して技能実習実施状況を把握する必要がある。「技能実習の実施状況に係る文書」には"技能実習日誌"のほか，技能実習に従事した労働時間及び賃金等を記載した賃金台帳，指導者などを記載した文書が該当する（上陸基準省令「技能実習1号イ」第17号参照）。

13 営利・収益禁止に係る上陸基準省令

第15号	あっせんに関する収益の禁止	監理団体が技能実習に係るあっせんに関して収益を得ないこととされていること
第35号	営利目的・収益を得ることの禁止	あっせん機関がある場合は，当該機関が営利を目的とするものでなく，かつ，技能実習に係るあっせんに関して収益を得ないこととされていること

❶ あっせんに関する収益の禁止（上陸基準省令第15号）

　技能実習に係るあっせん行為により監理団体が利益を得る行為を禁止するとされている。「収益を得る」とは，あっせん行為により利益を得ることをいい，監理団体が実費相当額を超えて手数料等を徴収した場合が該当する。

　あっせんとは「二当事者の依頼又は承諾のもとに，当該二当事者の間に立って，ある交渉が円滑に行われるよう仲介（世話）すること」である。技能実習に関するあっせん行為の主な例は，監理団体が送出し機関及び実習実施機関との間に立って，技能実習生の受入れに関して仲介する職業紹介である。

図表6-22：あっせんとは（厚生労働省）

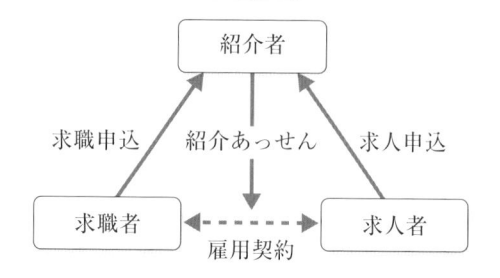

```
              紹介者
             ↗     ↖
      求職申込  紹介あっせん  求人申込
         ↗         ↓         ↖
      求職者 ←------→ 求人者
              雇用契約
```

　監理団体が送出し機関と連携して行っている技能実習制度は，監理団体が実習実施機関と技能実習生との雇用契約の成立をあっせんする職業紹介事業を行うことになるため，職業安定法に基づく職業紹介事業の許可又は届出が必要となる。

　監理団体が職業安定法等に規定する"無料職業紹介"を行っている場合には，監理団体が徴収する費用の中に，名目のいかんを問わず，技能実習生の紹介に要する費用（実費を含む）が含まれてはならない。"紹介に要する費用（実費を含む）"とは，監理団体の職業紹介事業に要する費用であり，具体的には当該事業を行うための人件費，交通費，通信費等が含まれる。

❷ 営利目的・収益を得ることの禁止（上陸基準省令第35号）

　あっせん機関がある場合，当該あっせん機関の非営利性及び非収益性を定めるとされており，技能実習に係るあっせん行為により収益を得る行為を禁止している。

　技能実習制度に関するあっせんは，本来，監理団体が行うべきものであるが，技能実習実施機関の倒産等の際に監理団体以外の機関がほかの技能実習実施機関をあっせんする場合などが想定される。この場合，監理団体以外のあっせん機関が新しい技能実習実施機関を紹介する際に営利を目的とし，収益を得ることを禁止している。

14 不正行為・欠格事由に係る上陸基準省令

第16号	不正行為など欠格事由 （監理団体又はその役員，管理者，若しくは監理に従事する常勤職員）	外国人の技能実習に係る表の不正行為を行ったことがある場合は，当該不正行為が終了した日後，同表に掲げる期間を経過し，かつ，再発防止に必要な改善措置が講じられていること ただし，当該不正行為が技能実習の適正な実施を妨げるものでなかった場合は，この限りでない
第17号		技能実習第1号又は研修の表に掲げる不正行為を行ったことがある場合は，当該不正行為が終了した日後，それぞれの表に掲げる期間を経過し，かつ，再発防止に必要な改善措置が講じられていること ただし，当該不正行為が技能実習の適正な実施を妨げるものでなかった場合は，この限りでない
第18号		技能実習第1号ロ，技能実習第1号イ又は研修の表に掲げる不正行為を行い，当該行為に対し地方入国管理局から改善措置を講ずるよう指導を受けた場合は，再発防止に必要な改善措置が講じられていること
第19号		次に掲げる規定により刑に処せられたことがある場合は，その執行を終わり，又は執行を受けることがなくなった日から5年を経過していること 　イ　法第73条の2から第74条の8までの規定 　ロ　労働基準法第117条並びに労働基準法第118条第1項，第119条及び第120条の規定並びに当該規定に係る同法第121条の規定 　ハ　船員法第130条，第131条第1号及び第2号の規定並びに当該規定に係る同法第135条第1項の規定 　ニ　最低賃金法第40条の規定及び同条の規定に係る同法第42条の規定
第19号の2		過去5年間に当該機関の事業活動に関し，外国人に対して不正に在留資格認定証明書の交付，上陸許可，在留資格変更許可等を受けさせる目的で，文書等の偽変造，虚偽文書等の作成，若しくはこれら文書等の行使・所持・提供又はこれら行為の教唆若しくは幇助を行ったことがないこと
第20号	不正行為など欠格事由 （監理団体の役員又は管理者）	過去5年間に他の機関の経営者，役員又は管理者として外国人の技能実習又は研修の運営又は監理に従事していたことがあり，その従事期間中，当該他の機関が技能実習第1号，技能実習第1号イ又は研修の表に掲げる不正行為を行っていた場合は，当該不正行為が終了した日後，それぞれの表に掲げる期間を経過していること ただし，当該不正行為が技能実習の適正な実施を妨げるものでなかった場合は，この限りでない

第31号	不正行為など欠格事由 (実習実施機関又はその経営者，管理者，技能実習指導員若しくは生活指導員)	技能実習第1号ロ，技能実習第1号イ又は研修の表に掲げる不正行為を行ったことがある場合は，当該不正行為が終了した日後，それぞれの表に掲げる期間を経過し，かつ，再発防止に必要な改善措置が講じられていること ただし，当該不正行為が技能実習の適正な実施を妨げるものでなかった場合は，この限りでない
第32号		技能実習第1号ロ，技能実習第1号イ又は研修の表に掲げる不正行為を行い，当該行為に対し地方入国管理局から改善措置を講ずるよう指導を受けた場合は，再発防止に必要な改善措置が講じられていること
第33号		次に掲げる規定により刑に処せられたことがある場合は，その執行を終わり，又は執行を受けることがなくなった日から5年を経過していること 　イ　入管法第73条の2から第74条の8までの規定 　ロ　労働基準法第117条並びに労働基準法第118条第1項，第119条及び第120条の規定並びに当該規定に係る同法第121条の規定 　ハ　船員法第130条，第131条第1号及び第2号の規定並びに当該規定に係る同法第135条第1項の規定 　ニ　最低賃金法第40条の規定及び同条の規定に係る同法第42条の規定
第33号の2		過去5年間に当該機関の事業活動に関し，外国人に対して不正に在留資格認定証明書の交付，上陸許可，在留資格変更許可等を受けさせる目的で，文書等の偽造変造，虚偽文書等の作成，若しくはこれら文書等の行使・所持・提供又はこれら行為の教唆若しくは幇助を行ったことがないこと
第34号	不正行為など欠格事由 (実習実施機関の経営者又は管理者)	過去5年間に他の機関の経営者，役員又は管理者として外国人の技能実習又は研修の運営又は監理に従事していたことがあり，その従事期間中，当該他の機関が技能実習第1号ロ，技能実習第1号イ又は研修の表に掲げる不正行為を行っていた場合は，当該不正行為が終了した日後，それぞれの表に掲げる期間を経過していること ただし，当該不正行為が技能実習の適正な実施を妨げるものでなかった場合は，この限りでない
第36号	不正行為など欠格事由 (あっせん機関又はその経営者，管理者若しくは常勤の職員)	技能実習第1号ロ，技能実習第1号イ又は研修の表に掲げる不正行為を行ったことがある場合は，当該不正行為が終了した日後，それぞれの表に掲げる期間を経過し，かつ，再発防止に必要な改善措置が講じられていること ただし，当該不正行為が技能実習の適正な実施を妨げるものでなかった場合は，この限りでない

第37号		技能実習第1号ロ,技能実習第1号イ又は研修の表に掲げる不正行為を行い,当該行為に対し地方入国管理局から改善措置を講ずるよう指導を受けた場合は,再発防止に必要な改善措置が講じられていること
第38号		技能実習第1号イの上陸基準省令第21号イからニまでに掲げる規定により刑に処せられたことがある場合は,その執行を終わり,又は執行を受けることがなくなった日から5年を経過していること
第38号の2		過去5年間に当該機関の事業活動に関し,外国人に対して不正に在留資格認定証明書の交付,上陸許可,在留資格変更許可等を受けさせる目的で,文書等の偽変造,虚偽文書等の作成,若しくはこれら文書等の行使・所持・提供又はこれら行為の教唆若しくは幇助を行ったことがないこと
第39号	不正行為など欠格事由 (あっせん機関の経営者又は管理者)	過去5年間に他の機関の経営者,役員又は管理者として外国人の技能実習又は研修の運営又は監理に従事していたことがあり,その従事期間中,当該他の機関が技能実習第1号ロ,技能実習第1号イ又は研修の表に掲げる不正行為を行っていた場合は,当該不正行為が終了した日後,それぞれの表に掲げる期間を経過していること ただし,当該不正行為が技能実習の適正な実施を妨げるものでなかった場合は,この限りでない
第40号	送出し機関,その他経営者等の欠格事由 (送出し機関又はその経営者若しくは管理者)	過去5年間に当該機関の事業活動に関し,外国人に不正に入管法第3章の上陸審査,口頭審理及び異議申出の規定による在留資格認定証明書の交付,上陸許可の証印若しくは許可,同章の上陸特例の規定による上陸許可若しくは入管法第4章の在留,在留資格の変更及び取消等若しくは法第5章の退去強制手続の審査,口頭審理及び異議の申出の規定による許可を受けさせ,又は技能実習第1号ロ,技能実習第1号イ若しくは研修の表に掲げる不正行為に関する事実を隠蔽する目的で,偽造若しくは変造された文書若しくは図画若しくは虚偽の文書若しくは図画を行使し,又は提供する行為を行ったことがないこと

❶ 不正行為など欠格事由(不正行為の表／上陸基準省令第16～17号)

　監理団体又はその役員,管理者若しくは監理に従事する常勤職員が過去一定期間内に研修又は技能実習に係る上陸基準省令の表に掲げる"不正行為"を行った場合,その不正行為の内容によって1年間から5年間技能実習生の受入れを認めないとするとされている。ただし,地方入国管理局が,不正行為の内容が技能実習の適正な実施を妨げるものではないと確認した場合は,

受入停止の処分は免れる。

　新たな技能実習生の受入れを認めないとする受入停止期間は，研修及び技能実習に係る上陸基準省令の表に表示されている。受入れ停止期間の起算日は，「不正行為が終了した日」である。この「不正行為が終了した日」とは，不正行為が継続的・連続的に行われた場合，その一連の行為の最終日をいう。また，不正行為には暴行・脅迫などの"作為"によるもののほか賃金等の不払いなどの"不作為"によるものがあるが，不作為による場合は，不作為が解消された日が「不正行為の終了した日」となる。例えば，賃金等の不払いの場合，実際に賃金等が支払われて精算されたときに不払いという不作為が解消されたと考えられるため，この精算日が「不正行為の終了した日」となる。受入停止期間を経過し，新たに技能実習生の受入れを再開しようとする監理団体は，再発防止に必要な改善策を提出し，適正な技能実習の実施が可能かどうか厳格に審査される。

図表6－23：不正行為　一覧

不正行為	不正行為の内容（事例）	受入れ停止期間
1　暴行，脅迫又は監禁	技能実習生に対する暴行，脅迫又は監禁を行っていた場合	5年間
	（暴行，脅迫又は監禁による技能実習生の意に反する強制労働）	
2　旅券又は在留カードの取上げ	技能実習生の旅券や在留カードを取り上げていた場合	5年間
	（逃亡防止のためなどと称して旅券や在留カードを保管）	
3　賃金等の不払い	技能実習生に対する手当，報酬の一部又は全部を支払わなかった場合	5年間
	（時間外労働や休日労働を命じながら割増賃金を不払い）	
4　人権を著しく侵害する行為	上記1～3の他，技能実習生の人権を著しく侵害する行為を行っていた場合	5年間
	（技能実習生からの申告により人権擁護機関における人権侵犯の事実の認定や，技能実習生の意に反する預金通帳の取上げ）	

5 偽変造文書等の行使・提供	不正行為の事実を隠蔽すること等を目的に，偽変造文書，虚偽文書等の行使又は提供していた場合		5年間
	（地方入国管理局へ申請（以下「申請」という）の際，常勤職員数を実際より多く偽った文書の作成，偽造した証明文書の提出）		
6 保証金の徴収等	技能実習に関連して技能実習生やその家族から保証金を徴収するなどしてその財産を管理していた場合や，労働契約の不履行に係る違約金の定めなど，不当に金銭その他の財産の移転を予定する契約を締結していた場合		3年間
	（技能実習生の逃走防止や地方入国管理局，労働基準監督署等に対する不正行為の通報を禁じるために，技能実習生やその家族等から保証金を徴収したり，違約金を定めたりする）		
7 講習の期間中の業務への従事	技能実習生を講習期間中に業務に従事させていた場合		3年間
	（技能等の修得活動前の講習期間中に技能等の修得活動の業務に従事させる）		
8 二重契約	技能実習に係る手当若しくは報酬又は実施時間について技能実習生との間で申請内容と異なる内容の取決めをしていた場合（異なる内容の取決めをした上で申請した場合は上記5の「偽変造文書等の行使・提供」に該当）		3年間
	（申請後，申請の際に提出した雇用契約書よりも低額の報酬の支払いの合意を別途行う）		
9 技能実習計画との齟齬	申請の際提出した技能実習計画と著しく異なる内容の技能実習を実施し，又は当該計画に基づく技能実習を実施していなかった場合（技能実習計画と齟齬する技能実習を行うことを示し合わせて申請した場合は上記5の「偽変造文書等の行使・提供」に該当）		3年間
	（技能実習生に対し技能実習計画どおりの講習を行わない，又は当該計画の作業項目のうち大半の項目を実施しない）		
10 名義貸し	申請内容と異なる他の機関に技能実習を実施させていた場合や，当該他の機関において技能実習を実施していた場合（他の機関で技能実習を行うことを示し合わせて申請した場合は上記5の「偽変造文書等の行使・提供」に該当）		3年間
	（申請後，他の機関に技能実習を実施させることや，他の機関で技能実習を実施する）		

11 実習継続不可能時の報告不履行	技能実習の継続が不可能となる事由が生じていながら地方入国管理局への報告を怠っていた場合 (技能実習生が失踪したのにもかかわらず，これを届出ることなく失踪した技能実習生が摘発されて失踪の事実が判明)	3年間
12 監理団体の義務不履行（監理団体のみ）	監理団体が不正行為を行った場合の地方入国管理局への報告，監査，相談体制の構築，訪問指導等（文書作成及び保管に係る部分を除く）の義務を怠っていた場合 (技能実習第1号実施計画に従った技能実習が実施されているかどうか，監理団体の役員又は職員による月1回以上の訪問指導を怠っている)	3年間
13 行方不明者の多発	技能実習生（研修生を含む）の行方不明者について，その前1年以内に，次表に掲げる受入れ総数に応じた人数以上の行方不明者を発生させた場合 | 受入れ総数	人　数
---	---
50人以上	受入れ総数の5分の1
20人以上49人以下	10人
19人以下	受入れ総数の2分の1 | 技能実習が技能実習計画に沿って実施され，賃金の支払い等が雇用契約どおりに行われていることなど，実習実施機関の責めに帰すべき理由がない場合を除く (技能実習が技能実習計画に沿っておらず，時間外労働が過重に実施され技能実習生が逃走)	3年間
14 不法就労者の雇用等	①事業活動に関し外国人に不法就労活動をさせる行為，②外国人に不法就労活動をさせるためにこれを自己の支配下に置く行為，③業として①及び②の行為に関しあっせんする行為のいずれかを行い，唆し又はこれを助けた場合 (不法滞在者，就労可能な在留資格を有していない者，資格外活動について許可を受けていない者に対し，技能等の修得活動をさせる)	3年間
15 労働関係法令違反	技能実習の実施に関して，労働基準法，労働安全衛生法，職業安定法等の労働関係法令について重大な違反があり，技能実習の適正な実施を妨げた場合（賃金不払，割増賃金不払，最低賃金違反の場合は上記3の「賃金等の不払い」に該当） (労使協定を締結せずに時間外労働や休日労働をさせる，年次有給休暇を付与しないなどの労働基準法違反の他，労働者の危険又は健康障害を防止するための措置を講じないなどの労働安全衛生法違反)	3年間

16 監理団体への報告不履行	実習実施機関が不正行為を行った場合又は技能実習の継続が不可能となる事由が生じた場合，監理団体への報告を怠っていた場合	
	(実習実施機関において技能実習に係る不正行為を行っているにもかかわらず，監理団体への報告を怠っていた場合)	
17 営利目的あっせん行為（監理団体のみ）	営利を目的とするあっせん機関において技能実習に関してあっせんを行っていた場合や，監理団体若しくは営利を目的としないあっせん機関において技能実習に関して収益を得てあっせんを行っていた場合	3年間
	(営利を目的とする株式会社が技能実習に関する職業紹介を行っていた場合や，公益法人が実費を超える手数料を徴収して職業紹介を行っていた場合)	
18 再度の不正行為	"不正行為"を行い地方入国管理局から改善措置を講ずるよう指導を受けた後，3年以内に再度"不正行為"を行った場合（文書の作成等不履行及び帰国報告の不履行を除く）	3年間
	(技能実習計画に記載されていない内容の技能実習を実施していたとして地方入国管理局から改善措置を講ずるよう指導を受けたにもかかわらず，再度，当該計画に記載されていない内容の技能実習を実施)	
19 文書の作成等不履行	技能実習（本邦外における講習を含む）の実施状況に係る文書の作成，備付け又は保存を怠っていた場合	1年間
	(地方入国管理局の実態調査の際，"技能実習日誌"を確認できない)	
20 帰国報告の不履行（監理団体のみ）	技能実習活動終了後，技能実習生の帰国に係る地方入国管理局への報告を怠っていた場合	1年間
	(監理団体が技能実習生が技能等の修得活動を終了して帰国したときに，地方入国管理局への報告を怠っていた場合)	

14

不正行為・欠格事由に係る上陸基準省令

❷ 不正行為など欠格事由（不正行為の表／上陸基準省令第18号）

　監理団体又はその役員，管理者若しくは監理に従事する常勤職員が研修及び技能実習に係る上陸基準省令の表に掲げる"不正行為"を行ったことに対し，地方入国管理局から改善措置を講ずるよう指導を受けた場合，再発防止に必要な改善措置が講じられていなければ，新たな技能実習生の受入れの再開を認めないとするとされている。

　不正行為が技能実習の適正な実施を妨げるものでなかったとして受入れ停止の処分が免除された場合であっても，地方入国管理局が必要と判断した場合，改善措置を講ずるよう通知することになる。通知を受けた監理団体は，受入停止の処分を受けた場合と同様に，再発防止に必要な改善策を提出し適正な技能実習の実施が可能であると判断されるまで技能実習生の受入れは認められない。

❸ 不正行為など欠格事由（法令違反／上陸基準省令第19号）

　監理団体又はその役員，管理者若しくは監理に従事する常勤職員が入管法，労働基準法，船員法，最低賃金法の規定により処罰の対象となった場合，一定期間技能実習生の受入れを認めないとするとされている。

　新たな技能実習生の受入停止期間は，処罰の対象となった刑の執行を終了した日又は刑の執行を受けることがなくなった日から起算して過去5年間である。

図表6－24：欠格事由となる法令違反行為

法　　令	欠格事由となる法令違反行為
1．入管法	不法就労助長罪及び集団密航等に係る罰則
2．労働基準法	強制労働，賃金の支払いその他の労働基準法上に係る罰則
3．船員法	賠償予定の禁止，給料の支払いその他の船員法上に係る罰則
4．最低賃金法	最低賃金額以上の賃金支払義務に係る罰則

4 不正行為など欠格事由（偽変造・虚偽文書，教唆・幇助／上陸基準省令第19号の2）

　監理団体又はその役員，管理者若しくは監理に従事する常勤職員が，外国人に対して不正に在留資格認定証明書の交付や上陸許可を受けさせること等を目的に文書若しくは図画を偽造・変造し，虚偽文書等を作成し，若しくはこれらの文書等を行使・所持・提供し又はこれらの行為を教唆し，若しくはこれを幇助した場合，これらの行為が欠格事由とされている。

　「当該機関の事業活動に関し」とは，同一の監理団体における行為を対象とする趣旨であるが，他の監理団体であっても，名称変更等，実質的に事業の継続性や一体性が認められる場合は，同一機関の行為とみなされる。

　なお，在留資格認定証明書交付申請の時点では，いまだ5年（又は3年，1年）を経過していなくても，処分時において当該年数を経過し，かつ，再発防止に必要な改善措置が講じられていれば交付を受けることができる。

5 不正行為など欠格事由（他の機関における不正行為／上陸基準省令第20号）

　不正行為をした監理団体の役員又は管理者が，別の機関に移籍したり新たな機関を設立したりした場合でも技能実習生の受入れを認めないとする規定である。ただし，地方入国管理局が，不正行為の内容が技能実習の適正な実施を妨げるものではないと確認した場合は，受入れ停止の処分は免れる。2010年（平成22年）7月の入管法改正に当たり定められた上陸基準省令に新たに規定されている。入管法改正前は，不正行為をした監理団体の役員又は管理者が別の機関に移籍したり，新たな機関を設立したりして技能実習生の受入れのための申請がされた場合，厳格な審査が実施されていた。

　この規定により，技能実習生の受入れのための申請をした監理団体の役員等が，過去5年間に他の機関の経営者，役員若しくは管理者として在任中に，研修又は技能実習の運営・監理の業務に従事しており，その業務に従事している期間中に研修又は技能実習に係る上陸基準省令の表に掲げる"不正行為"を行っていた場合，その不正行為の表に示された期間（1年間から5

年間）を経過していないときは，技能実習生の受入れは認められない。

なお，在留資格認定証明書交付申請の時点では，いまだ5年（又は3年，1年）を経過していなくても，処分時において当該年数を経過し，かつ，再発防止に必要な改善措置が講じられていれば交付を受けることができる。

図表6－25：過去5年間の期間の基準

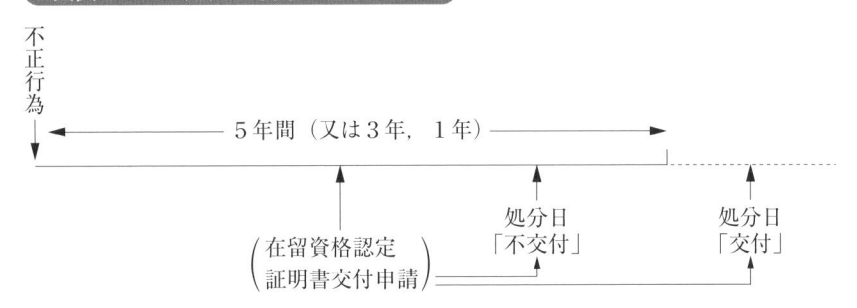

```
不
正
行 ┐
為 │       ─── 5年間（又は3年，1年）───
   ↓        ↑                    ↑                  ↑
         (在留資格認定            処分日             処分日
          証明書交付申請)        「不交付」          「交付」
```

❻ 不正行為など欠格事由（不正行為の表／上陸基準省令第31～32号）

　実習実施機関又はその経営者，管理者，技能実習指導員若しくは生活指導員が過去一定期間内に研修又は技能実習に係る上陸基準省令の表に掲げる"不正行為"を行った場合，その不正行為の内容によって1年間から5年間技能実習生の受入れを認めないとするとされている。ただし，地方入国管理局が，不正行為の内容が技能実習の適正な実施を妨げるものではないと確認した場合は，受入れ停止の処分は免れる。

　また，研修及び技能実習に係る上陸基準省令の表に掲げる"不正行為"を行ったことに対し，地方入国管理局から改善措置を講ずるよう指導を受けた場合，再発防止に必要な改善策を提出し，適正な技能実習の実施が可能であると判断されるまで技能実習生の受入れは認められない（上陸基準省令第16～18号参照）。

❼ 不正行為など欠格事由（法令違反／上陸基準省令第33号）

　実習実施機関又はその経営者，管理者，技能実習指導員若しくは生活指導

員が入管法，労働基準法，船員法，最低賃金法の規定により処罰の対象となった場合，一定期間技能実習生の受入れを認めないとするとされている。

新たな技能実習生の受入れ停止期間は，処罰の対象となった刑の執行を終了した日又は刑の執行を受けることがなくなった日から起算して過去5年間である（上陸基準省令第19号参照）。

❽ 不正行為など欠格事由(偽変造・虚偽文書，教唆・幇助／上陸基準省令第33号の2)

実習実施機関又はその経営者，管理者，技能実習指導員若しくは生活指導員が，外国人に対して不正に在留資格認定証明書の交付や上陸許可を受けさせること等を目的に文書若しくは図画を偽造・変造し，虚偽文書等を作成し，若しくはこれらの文書等を行使・所持・提供し又はこれらの行為を教唆し，若しくはこれを幇助した場合，これらの行為が欠格事由とされている。

「当該機関の事業活動に関し」とは，原則として同一の実習実施機関における行為を対象とする趣旨である。

❾ 不正行為など欠格事由（他の機関における不正行為／上陸基準省令第34号）

実習実施機関の経営者又は管理者が，別の機関に移籍したり新たな機関を設立したりした場合でも技能実習生の受入れを認めないとするとされている。ただし，地方入国管理局が，不正行為の内容が技能実習の適正な実施を妨げるものではないと確認した場合は，受入れ停止の処分は免れる。

この規定により，実習実施機関の役員等が過去5年間に他の機関の経営者，役員若しくは管理者として技能実習又は研修の運営・監理の業務に従事しており，その業務に従事している期間中に研修又は技能実習に係る上陸基準省令の表に掲げる"不正行為"を行っていた場合，その不正行為の内容によって1年間から5年間，これら役員らが在任する機関は技能実習生の受入れは認められない（上陸基準省令第20号参照）。

⑩ 不正行為など欠格事由（不正行為の表／上陸基準省令第36〜37号）

　あっせん機関又はその経営者，管理者若しくは常勤職員が過去一定期間内に研修又は技能実習に係る上陸基準省令の表に掲げる"不正行為"を行った場合，その不正行為の内容によって1年間から5年間技能実習生の受入れを認めないとするとされている。

　また，研修及び技能実習に係る上陸基準省令の表に掲げる"不正行為"を行ったことに対し，地方入国管理局から改善措置を講ずるよう指導を受けた場合，再発防止に必要な改善策を提出し，適正な技能実習の実施が可能であると判断されるまで技能実習生の受入れは認められない（上陸基準省令第16〜18号参照）。

⑪ 不正行為など欠格事由（法令違反／上陸基準省令第38号）

　あっせん機関又はその経営者，管理者若しくは常勤職員が入管法，労働基準法，船員法，最低賃金法の規定により処罰の対象となった場合，一定期間技能実習生の受入れを認めないとするとされている。

　新たな技能実習生の受入れ停止期間は，処罰の対象となった刑の執行を終了した日又は刑の執行を受けることがなくなった日から起算して過去5年間である（上陸基準省令第19号参照）。

⑫ 不正行為など欠格事由（偽変造・虚偽文書，教唆・幇助／上陸基準省令第38号の2）

　あっせん機関又はその経営者，管理者若しくは常勤職員が，外国人に対して不正に在留資格認定証明書の交付や上陸許可を受けさせること等を目的に文書若しくは図画を偽造・変造し，虚偽文書等を作成し，若しくはこれらの文書等を行使・所持・提供し又はこれらの行為を教唆し，若しくはこれを幇助した場合，これらの行為が欠格事由とされている。

　「当該機関の事業活動に関し」とは，原則として同一のあっせん機関における行為を対象とする趣旨であり，「過去5年間」の基準日は，在留資格認

定証明書の交付申請に係る交付・不交付の処分日である（上陸基準省令第19号の2参照）。

13 不正行為など欠格事由（他の機関における不法行為／上陸基準省令第39号）

　あっせん機関の経営者又は管理者が，別の機関に移籍したり新たな機関を設立したりした場合でも技能実習生の受入れを認めないとするとされている。ただし，地方入国管理局が，不正行為の内容が技能実習の適正な実施を妨げるものではないと確認した場合は，受入れ停止の処分は免れる。

　この規定により，あっせん機関の役員等が過去5年間に他の機関の経営者，役員若しくは管理者として，研修又は技能実習の運営・監理の業務に従事しており，その業務に従事している期間中に研修又は技能実習に係る上陸基準省令の表に掲げる"不正行為"を行ったとして地方入国管理局から認定されていた場合，その不正行為の内容によって1年間から5年間，これら役員らが在任するあっせん機関のあっせんした技能実習生の受入れは認められない（上陸基準省令第20号参照）。

14 送出し機関，その他経営者等の欠格事由（上陸基準省令第40号）

　送出し機関又はその経営者若しくは管理者が，外国人に対して不正に在留資格認定証明書の交付や上陸許可を受けさせること，又は技能実習若しくは研修の表に掲げる不正行為の事実を隠蔽すること等を目的に偽変造文書，虚偽文書等を行使・提供した場合，これらを欠格事由とするとされている。

　「当該機関の事業活動に関し」とは，同一の送出し機関における行為を対象とする趣旨であるが，他の送出し機関であっても，社名変更等，実質的に事業の継続性や一体性が認められる場合は，同一機関の行為とみなされる。

　「過去5年間」の基準日は，在留資格認定証明書の交付申請に係る交付・不交付の処分日であり，この日から遡って過去5年間である。

図表6-26：団体監理型における不正行為・欠格事由　概略図

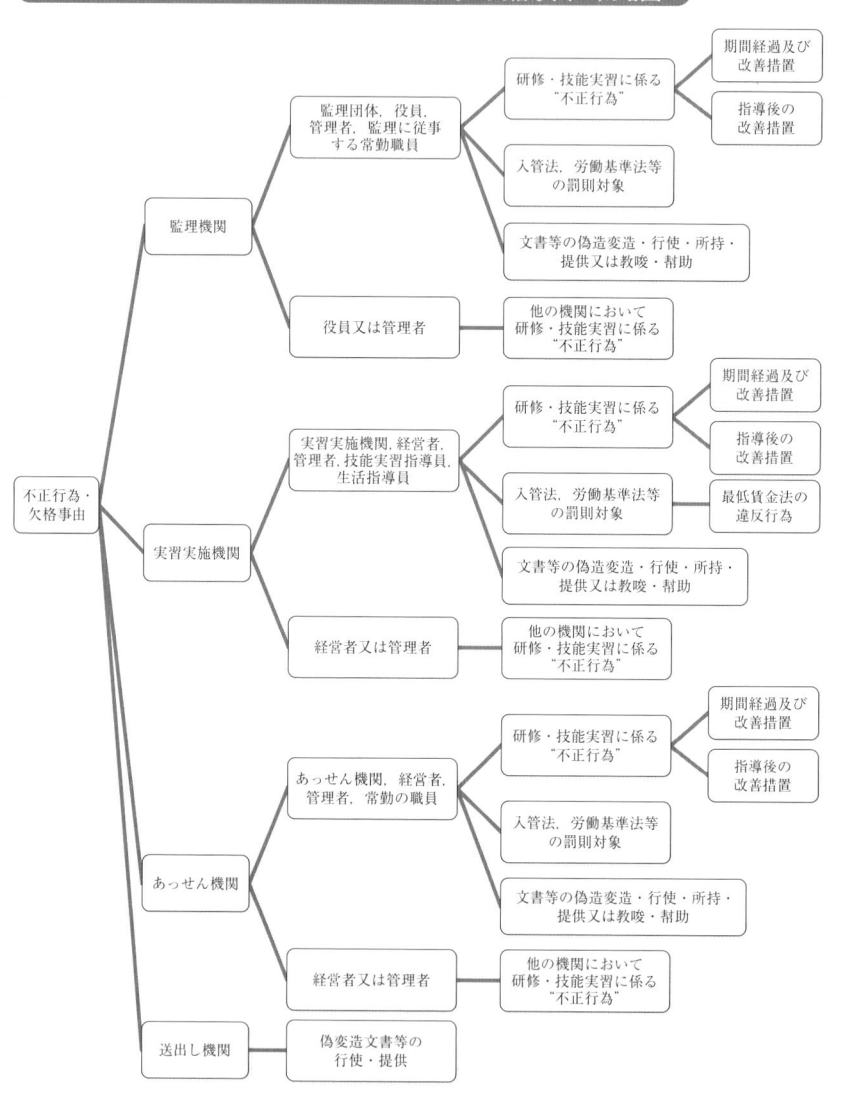

```
不正行為・欠格事由
├─ 監理機関
│   ├─ 監理団体, 役員, 管理者, 監理に従事する常勤職員
│   │   ├─ 研修・技能実習に係る"不正行為"
│   │   │   ├─ 期間経過及び改善措置
│   │   │   └─ 指導後の改善措置
│   │   ├─ 入管法, 労働基準法等の罰則対象
│   │   └─ 文書等の偽造変造・行使・所持・提供又は教唆・幇助
│   └─ 役員又は管理者
│       └─ 他の機関において研修・技能実習に係る"不正行為"
├─ 実習実施機関
│   ├─ 実習実施機関, 経営者, 管理者, 技能実習指導員, 生活指導員
│   │   ├─ 研修・技能実習に係る"不正行為"
│   │   │   ├─ 期間経過及び改善措置
│   │   │   └─ 指導後の改善措置
│   │   ├─ 入管法, 労働基準法等の罰則対象
│   │   │   └─ 最低賃金法の違反行為
│   │   └─ 文書等の偽造変造・行使・所持・提供又は教唆・幇助
│   └─ 経営者又は管理者
│       └─ 他の機関において研修・技能実習に係る"不正行為"
├─ あっせん機関
│   ├─ あっせん機関, 経営者, 管理者, 常勤の職員
│   │   ├─ 研修・技能実習に係る"不正行為"
│   │   │   ├─ 期間経過及び改善措置
│   │   │   └─ 指導後の改善措置
│   │   ├─ 入管法, 労働基準法等の罰則対象
│   │   └─ 文書等の偽造変造・行使・所持・提供又は教唆・幇助
│   └─ 経営者又は管理者
│       └─ 他の機関において研修・技能実習に係る"不正行為"
└─ 送出し機関
    └─ 偽変造文書等の行使・提供
```

CHAPTER 第7章 「技能実習1号」から「技能実習2号」への在留資格変更

1 「技能実習2号」の在留資格該当性

❶ 技能実習1号イ又はロの活動に従事した技能実習生

　「技能実習1号」から「技能実習2号」への在留資格変更は，入管法上，「技能実習1号イ又はロに掲げる活動に従事して技能等を修得した者」とされている。そのため，「技能実習2号イ」の活動は「技能実習1号イ」の活動，「技能実習2号ロ」の活動は「技能実習1号ロ」の活動に従事した技能実習生が対象とされている。

　そのため，企業単独型の「技能実習1号イ」からの移行は「技能実習2号イ」，団体監理型の「技能実習1号ロ」からの移行は「技能実習2号ロ」に限定されている。

❷ 技能等の習熟

　「技能実習1号」に係る活動は，「技能，技術若しくは知識の修得」，すなわち"技能等を学んで身につけること"を目的としている。これに対し「技能実習2号」に係る活動の目的は，「技能，技術若しくは知識の習熟」，すなわち"技能等に繰り返し慣れて上手になること"である。

　「技能実習1号」から「技能実習2号」への在留資格の変更申請の審査は，修得技能等の評価，技能実習計画の評価及び在留状況等を考慮して行われることになる。修得技能等の評価及び技能実習計画の評価については，厚生労働省が定める"技能実習制度推進事業運営基本方針"（平成5年厚生労働

151

大臣告示／平成24年一部改正）に基づく技能実習制度推進事業の実施機関である推進事業実施機関による評価が参考とされる。

在留状況については，地方入国管理局による技能実習生の在留状況に関する調査結果，また，企業単独型の実習実施機関，団体監理型の監理団体が地方入国管理局に対して行う「技能実習・生活状況等に関する報告」，さらに団体監理型にあっては監査役員が行う技能実習の実施状況に関する監査の結果報告書等に基づき，各地方入国管理局により総合的に判断することになる。

図表７－１：在留資格の変更申請の審査

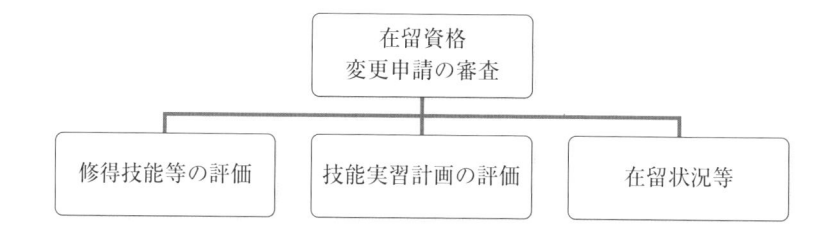

```
          在留資格
        変更申請の審査
    ┌───────┼───────┐
修得技能等の評価  技能実習計画の評価  在留状況等
```

2 厚生労働省告示 "技能実習制度推進事業運営基本方針"

❶ 技能実習２号移行対象職種

厚生労働省が定める"技能実習制度推進事業運営基本方針"（告示）は，厚生労働省の委託事業である技能実習制度推進事業の円滑かつ適正に実施を目的として定められている。技能実習制度の理念，仕組み及び運営に係る基本的な事項を明らかにすることにより，技能実習生，監理団体，実習実施機関その他の関係者の技能実習制度に対する理解を深めようとするものである。

この基本方針では，「技能実習１号」から「技能実習２号」へ移行できる

技能等として，技能実習1号で修得した技能等を習熟するものであり，一定の水準以上の技能等を修得したことについて，公的に評価できるものとしている。対象となる技能等として，"技能実習2号移行対象職種"を別表において定めている。

　"技能実習2号移行対象職種"は，職業能力開発促進法に基づく技能検定の職種・作業及び，JITCO認定による公的評価システムに基づく職種・作業を併せ，2013年（平成25年）4月18日現在，合計68職種127作業ある。

図表7－2：技能実習2号移行対象職種

技能実習2号移行対象職種　68職種127作業　　　　　2013年4月18日現在

1　農業関係（2職種5作業）

職種名	作業名
耕種農業*	施設園芸
	畑作・野菜
畜産農業*	養豚
	養鶏
	酪農

2　漁業関係（2職種9作業）

職種名	作業名
漁船漁業*	かつお一本釣り漁業
	まぐろはえ縄漁業
	いか釣り漁業
	まき網漁業
	底曳網漁業
	流し網漁業
	定置網漁業
	かに・えびかご漁業作業
養殖業*	ホタテガイ・マガキ養殖作業

3　建設関係（21職種31作業）

職種名	作業名
さく井	パーカッション式さく井工事作業
	ロータリー式さく井工事作業
建築板金	ダクト板金作業
冷凍空気調和機器施工	冷凍空気調和機器施工作業
建具製作	木製建具手加工作業
建築大工	大工工事作業
型枠施工	型枠工事作業
鉄筋施工	鉄筋組立て作業
とび	とび作業
石材施工	石材加工作業
	石張り作業
タイル張り	タイル張り作業
かわらぶき	かわらぶき作業
左官	左官作業
配管	建築配管作業
	プラント配管作業
熱絶縁施工	保温保冷工事作業
内装仕上げ施工	プラスチック系床仕上げ工事作業
	カーペット系床仕上げ工事作業
	鋼製下地工事作業
	ボード仕上げ工事作業
	カーテン工事作業
サッシ施工	ビル用サッシ施工作業
防水施工	シーリング防水工事作業
コンクリート圧送施工	コンクリート圧送工事作業
ウェルポイント施工	ウェルポイント工事作業
表装	壁装作業
建設機械施工*	押土・整地作業
	積込み作業
	掘削作業
	締固め作業

＜参考＞ほかに建設に関係するものとして，別掲の塗装職種に「建築塗装作業」と「鋼橋塗装作業」の2作業がある。

4　食品製造関係（7職種12作業）

職種名	作業名
缶詰巻締	缶詰巻締
食鳥処理加工業*	食鳥処理加工作業
加熱性水産加工食品製造業*	節類製造
	加熱乾製品製造
	調味加工品製造
	くん製品製造
非加熱性水産加工食品製造業*	塩蔵品製造
	乾製品製造
	発酵食品製造
水産練り製品製造	かまぼこ製品製造作業
ハム・ソーセージ・ベーコン製造	ハム・ソーセージ・ベーコン製造作業
パン製造	パン製造作業

注）＊の職種はJITCO認定職種

5　繊維・衣服関係（11職種20作業）

職種名	作業名
紡績運転*	前紡工程作業
	精紡工程作業
	巻糸工程作業
	合撚糸工程作業
織布運転*	準備工程作業
	製織工程作業
	仕上工程作業
染色	糸浸染作業
	織物・ニット浸染作業
ニット製品製造	靴下製造作業
	丸編みニット製造作業
たて編ニット生地製造*	たて編ニット生地製造作業
婦人子供服製造	婦人子供服製造作業
紳士服製造	紳士既製服製造作業
寝具製作	寝具製作作業
カーペット製造*	織じゅうたん製造作業
	タフテッドカーペット製造作業
	ニードルパンチカーペット製造作業
帆布製品製造	帆布製品製造作業
布はく縫製	ワイシャツ製造作業

6　機械・金属関係（15職種28作業）

職種名	作業名
鋳造	鋳鉄鋳物鋳造作業
	銅合金鋳物鋳造作業
	軽合金鋳物鋳造作業
鍛造	ハンマ型鍛造作業
	プレス型鍛造作業
ダイカスト	ホットチャンバダイカスト作業
	コールドチャンバダイカスト作業
機械加工	旋盤作業
	フライス盤作業
金属プレス加工	金属プレス作業
鉄工	構造物鉄工作業
工場板金	機械板金作業
めっき	電気めっき作業
	溶融亜鉛めっき作業
アルミニウム陽極酸化処理	陽極酸化処理作業
仕上げ	治工具仕上げ作業
	金型仕上げ作業
	機械組立仕上げ作業
機械検査	機械検査作業
機械保全	機械系保全作業
電子機器組立て	電子機器組立て作業
電気機器組立て	回転電機組立て作業
	変圧器組立て作業
	配電盤・制御盤組立て作業
	開閉制御器具組立て作業
	回転電機巻線製作作業
プリント配線板製造	プリント配線板設計作業
	プリント配線板製造作業

7　その他（10職種22作業）

職種名	作業名
家具製作	家具手加工作業
印刷	オフセット印刷作業
製本	製本作業
プラスチック成形	圧縮成形作業
	射出成形作業
	インフレーション成形作業
	ブロー成形作業
強化プラスチック成形	手積み積層成形作業
塗装	建築塗装作業
	金属塗装作業
	鋼橋塗装作業
	噴霧塗装作業
溶接*	手溶接
	半自動溶接
工業包装	工業包装作業
紙器・段ボール箱製造	印刷箱打抜き作業
	印刷箱製箱作業
	貼箱製造作業
	段ボール箱製造作業
陶磁器工業製品製造*	機械ろくろ成形作業
	圧力鋳込み成形作業
	パッド印刷作業

［出典：技能実習制度推進事業運営基本方針（別表）］

第7章　「技能実習1号」から「技能実習2号」への在留資格変更

154

❷ 「技能実習1号」における修得技能等の評価

「技能実習1号」における修得技能等のレベルは，"技能実習2号移行対象職種"に係る技能検定2級，その他これに準ずる検定又は試験に合格できる水準が必要である（「技能実習1号ロ」(7)2参照）。

技能実習2号への移行を希望する技能実習生は，原則として技能実習1号の在留期間が終了する4か月前までに，技能実習制度推進事業の実施機関である推進事業実施機関に対し，修得技能等の評価を受けることを申し出なければならない。また，検定・資格試験等の受検時期については，原則として技能実習1号の期間の4分の3程度を経過した後に受けなければならない。

図表7－3：検定・資格試験等の受験の申出・時期

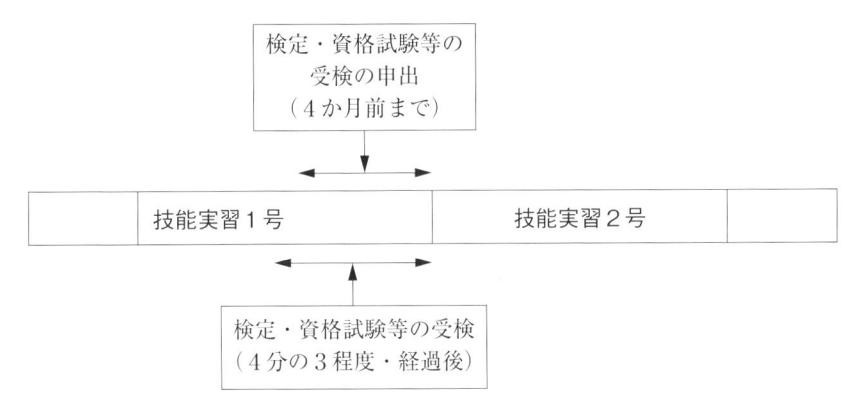

```
          ┌──────────────┐
          │検定・資格試験等の│
          │  受検の申出     │
          │ （4か月前まで） │
          └──────┬───────┘
                 ↓
┌──────┬──────────────┬──────────────┬──────┐
│      │  技能実習1号  │  技能実習2号  │      │
└──────┴──────────────┴──────────────┴──────┘
                 ↑
          ┌──────┴───────┐
          │検定・資格試験等の受検│
          │（4分の3程度・経過後）│
          └──────────────┘
```

❸ 「技能実習2号」における計画の評価

修得技能等の評価及び技能実習計画の評価は，技能実習制度推進事業の実施機関である推進事業実施機関による評価が参考とされる。

技能実習計画の策定に当たっては，各段階の到達目標と実習内容を具体的に明記するとともに，到達目標を確認するために各年毎の技能検定等の受験など，修得した技能を評価する時期及び方法を明記する必要がある。技能実

習2号にかかる計画は，技能実習1号で修得した技能等を更に向上させ，技能実習の開始日から1年経過日において技能検定基礎1級に相当する技能等，2年経過日において技能検定3級に相当する技能等が修得できる計画でなければならない。

図表7-4：技能実習2号期間の計画の修得レベル

技能実習2号期間の計画 1年経過日	・技能検定基礎1級相当の技能等が適切に修得できる計画
技能実習2号期間の計画 2年経過日	・技能検定3級相当の技能等が適切に修得できる計画

技能実習計画には，移行対象職種・作業の技能検定等において評価される技能等が中心となるが，移行対象職種・作業に日本人労働者が従事する際にそれら職種・作業に関連するものとして当該職種・作業以外の職種・作業が含まれている場合は，当該職権・作業以外の職種・作業を含む計画でも差し支えない。ただし，その場合であっても，移行対象職種・作業の技能検定等において評価される技能等は，全体の計画時間のおおむね半分以上を占めていなければならない。

図表7-5：移行対象職種・作業の計画時間の割合

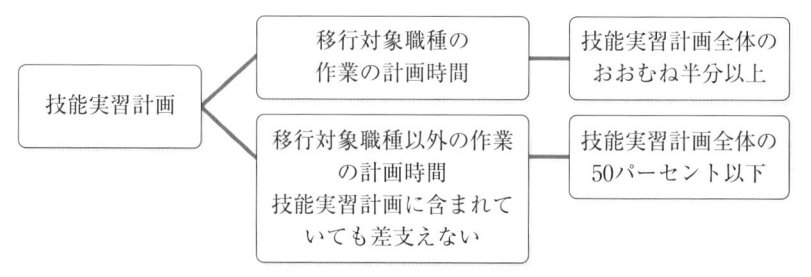

技能実習計画	移行対象職種の作業の計画時間	技能実習計画全体のおおむね半分以上
	移行対象職種以外の作業の計画時間 技能実習計画に含まれていても差支えない	技能実習計画全体の50パーセント以下

3 変更基準省令の適合性

❶ 一般的な在留資格の変更

在留資格変更の取扱いについては，入管法第20条により「法務大臣は，在留資格の変更を適当と認めるに足りる相当の理由があるときに限り，許可することができる。」と規定され，当該在留資格の変更を許可することがその変更の目的と照らし合わせ，"相当性"があるかどうかの判断は，法務大臣の自由裁量によることとされている。

実務上，在留資格の変更の目的がふさわしいか否かの"相当性"の判断は，"在留資格該当性"のほかに，原則として"上陸許可基準"に適合しているかどうかの判断によって行われる。

❷ 技能実習の在留資格"変更基準適合性"

「技能実習1号」から「技能実習2号」への在留資格の変更は，入管法第20条の2により「技能実習の在留資格の変更の特則」が規定されている。すなわち，技能実習以外の在留資格の変更とは異なり，入管法第20条の2第2項は，「法務大臣は，技能実習2号イ又はロの在留資格への変更の申請があったときは，当該外国人が法務省令で定める基準に適合する場合でなければ，これを許可することができない。」と定め，"相当性"の判断をするに当たってチェックする事項を具体的に詳細に示し，この"変更基準省令"に適合していなければ，「技能実習1号」から「技能実習2号」への在留資格の変更は許可されない。

図表7－6：技能実習の在留資格の変更基準適合性

（技能実習以外の在留資格）　　（技能実習）

入管法第20条
在留資格変更の"相当性"　　⇔　　入管法第20条の2
"変更基準省令適合性"
（在留資格変更の相当性を具体的に示す）

図表7−7：変更基準省令　対比一覧

		変更基準省令	
		企業単独型 (第1条)	団体監理型 (第2条)
申請人 (技能実習生)	年齢及び技能等の帰国後の活用	第1号	第1号
	技能検定等の合格	第2号	第2号
技能等	技能実習計画による更なる修得	第3号	第3号
	同一の技能等	第4号	第4号
報　酬	報酬額	第5号	第5号
指導員	技能実習指導員	第6号	第6号
	生活指導員	第7号	第7号
漁船漁業	漁船乗務可能人数		第8号
報告等	不正行為に関する事実報告	第7号の2	第18号の2
	継続不可能時の対応	第8号	第18号の3
	帰国時及び継続不可能時の対応		第9号
施　設	宿泊施設の確保	第9号	第10号
労災保険	労災保険等による保障措置	第10号	第11号
帰国担保	帰国担保措置	第11号	第12号
収益禁止	あっせんに関する収益の禁止		第13号, 第23号
文書作成等	実習実施状況文書作成・備付け・保存	第12号	第18号
不正行為・ 欠格事由	不正行為など欠格事由	第13〜16号	第14〜17号, 第19〜22号, 第24〜27号
技能実習期間	技能実習の活動可能期間	第17号	第28号

第7章　「技能実習1号」から「技能実習2号」への在留資格変更

4 申請人に係る変更基準省令

第1号	［企業単独型］ ［団体監理型］	技能等の帰国後の活用	申請人が国籍又は住所を有する国に帰国後本邦において修得した技能，技術又は知識を要する業務に従事することが予定されていること
第2号	［企業単独型］ ［団体監理型］	技能検定等の合格	申請人が本邦における技能実習の在留資格「技能実習第1号イ」（企業単独型）又は「技能実習第1号ロ」（団体監理型）に応じた活動により基礎2級の技能検定その他これに準ずる検定又は試験に合格していること

❶ 技能等の帰国後の活用（変更基準省令［企業単独型／団体監理型］第1号）

技能実習による技能等の移転を確保するとされている（上陸基準省令「技能実習1号イ」第3号及び「技能実習1号ロ」第2号参照）。

❷ 技能検定等の合格（変更基準省令［企業単独型／団体監理型］第2号）

一定の水準以上の技能等を修得したことについて，公的に評価することを定めるとされている。基礎2級の技能検定その他これに準ずる検定又は試験に合格していない場合，変更基準省令の適合性を満たさないため，「技能実習1号」から「技能実習2号」への在留資格変更の申請は許可されない。

「技能実習1号」から「技能実習2号」への在留資格変更を希望する場合，在留資格の変更は，技能検定基礎2級等を受験した後に変更申請を行う。

5 技能等に係る変更基準省令

第3号	［企業単独型］ ［団体監理型］	技能実習計画による更なる	申請人が「技能実習第1号イ」（企業単独型）又は「技能実習第1号ロ」（団体監理型）に応じた活動を技能実習計画に基づき行うこと

		修得	により，更に実践的な技能等を修得しようとするものであると認められること
第4号	［企業単独型］ ［団体監理型］	同一の技能等	申請人が従事しようとする技能実習が，「技能実習第1号イ」（企業単独型）又は「技能実習第1号ロ」（団体監理型）に応じた活動と同一の実習実施機関で，かつ，同一の技能等について行われること。ただし，技能実習生の責めに帰すべき理由がなく同一の実習実施機関で実施できない場合は，この限りでない

❶ 技能実習計画による更なる修得（変更基準省令［企業単独型／団体監理型］第3号）

　監理団体及び実習実施機関，企業単独型にあっては実習実施機関に対し，効果的な技能等の修得が図られるよう技能実習計画を策定することを義務付けるとされている。

　技能実習2号の期間の技能実習計画は，技能実習1号で修得した技能等をさらに向上させる習熟させる内容の計画でなければならない（7「技能実習1号」から「技能実習2号」への在留資格変更(2)③参照）。

❷ 同一の技能等（変更基準省令［企業単独型／団体監理型］第4号）

　「技能実習2号」で従事しようとする技能実習が，「技能実習1号」で従事した技能実習と同一実習実施機関であり，かつ，同一の技能等であることを定めるとされている。

　「同一の実習実施機関」とは，実習実施機関である法人等の全体を指すものであり，その法人等の一事業所を指すものではない。また，「技能実習1号」の期間中，複数の法人が共同で技能実習を実施した場合，「技能実習2号」に移行後は，「技能実習1号」の期間中に技能実習を実施した法人でなければ技能実習を実施することは認められない。ただし，事業の縮小や廃止などにより，実習実施機関が技能実習活動の継続が困難となった場合など，

技能実習生の責めによらない事由により同一の実習実施機関で技能実習が実施できない場合はこの限りでない。

技能実習が「同一の技能等について行われる」とは，主として移行対象職種・作業の技能検定等において評価される技能等をさらに習熟させるための技能実習が行われることをいう。

6 報酬に係る変更基準省令

| 第5号 | ［企業単独型］
［団体監理型］ | 報酬額 | 申請人に対する報酬が，日本人が従事する場合の報酬と同等額以上であること |

❶ 報酬額（変更基準省令［企業単独型／団体監理型］第5号）

日本人が従事する場合と技能実習生が従事する場合との差別を禁止するとされている。「日本人が従事する場合の報酬と同等額以上」は，個々の企業の賃金体系を基礎に日本人と同等以上であるか，また他の企業の同種の職種の賃金を参考にして日本人と同等額以上であるかについて判断される。そのため，報酬額を一定額として一律に規定されているわけではない（上陸基準省令「技能実習1号イ」第8号及び「技能実習1号ロ」第21号参照）。

7 指導員に係る変更基準省令

| 第6号 | ［企業単独型］
［団体監理型］ | 技能実習指導員 | 申請人が従事しようとする技能実習が実習実施機関の常勤の職員で修得しようとする技能等について5年以上の経験を有する技能実習指導員の指導の下に行われること |
| 第7号 | ［企業単独型］
［団体監理型］ | 生活指導員 | 実習実施機関に申請人の生活の指導を担当する生活指導員が置かれていること |

❶ 技能実習指導員（変更基準省令［企業単独型／団体監理型］第6号）

　適切な指導能力のある技能実習指導員の指導の下，技能実習が実施されることを求めるとされている。技能実習指導員は，実習実施機関の常勤職員でなければならず，技能実習生が修得しようとする技能等について5年以上の経験を有する職員に限られている（上陸基準省令「技能実習1号イ」第9号及び「技能実習1号ロ」第22号参照）。

❷ 生活指導員（変更基準省令［企業単独型／団体監理型］第7号）

　技能実習生は日本人とは異なる文化，風俗，慣習を有する地から来日しているため，技能実習生の日本における生活について，適切な指導能力のある生活指導員の確保を求めるとされている。生活指導員は，常勤職員である必要はない（上陸基準省令「技能実習1号イ」第10号及び「技能実習1号ロ」第23号参照）。

8 報告等に係る変更基準省令

第7号の2	［企業単独型］	不正行為に関する事実報告	実習実施機関が，「技能実習第1号イ」の表に掲げる不正行為を行った場合は，直ちに，地方入国管理局に当該不正行為に関する事実を報告することとされていること
第18号の2	［団体監理型］		実習実施機関が，「技能実習第1号ロ」の表に掲げる不正行為を行った場合は，直ちに，監理団体に当該不正行為に関する事実を報告することとされていること
第8号	［企業単独型］	継続不可能時の対応	実習実施機関が，技能実習生が技能実習第2号イに応じた活動を継続することが不可能となる事由が生じた場合は，直ちに，地方入国管理局に当該事実及び対応策を報告することとされていること

第18号の3	［団体監理型］		実習実施機関が，技能実習生が技能実習第2号ロに応じた活動を継続することが不可能となる事由が生じた場合は，直ちに，監理団体に当該事実及び対応策を報告することとされていること
第9号	［団体監理型］	帰国時及び継続不可能時の対応	監理団体が，技能実習生が技能実習第2号ロに応じた活動を終了して帰国した場合又は技能実習第2号ロに応じた活動を継続することが不可能となる事由が生じた場合は，直ちに，地方入国管理局に当該事実及び対応策を報告することとされていること

❶ 不正行為に関する事実報告（変更基準省令［企業単独型］第7号の2／［団体監理型］第18号の2）

　実習実施機関が「不正行為」を行った場合に，企業単独型は実習実施機関が自ら地方入国管理局への報告を義務付けるとされており，団体監理型は監理団体への報告を義務付けるとされている。2012年（平成24年）11月1日に施行された改正上陸基準省令とともに，新たに変更基準省令も改正されている（上陸基準省令「技能実習1号イ」第11号の2及び「技能実習1号ロ」第30号の2参照）。

❷ 継続不可能時の対応（変更基準省令［企業単独型］第8号／［団体監理型］第18号の3）

　技能実習生が技能等の修得活動を継続することが不可能となる事由が生じた場合に，企業単独型は実習実施機関が自ら地方入国管理局への報告を義務付けるとされており，団体監理型は監理団体への報告を義務付けるとされている。技能実習の活動が不可能となる事由としては，技能実習生の失踪や疾病，実習実施機関の事業縮小・廃止や不正行為，その他実習実施機関と技能実習生との間の諸問題の発生等が想定されている（上陸基準省令「技能実習1号イ」第12号及び「技能実習1号ロ」第30号の3参照）。

❸ 帰国時及び継続不可能時の対応（変更基準省令［団体監理型］第9号）

　技能実習生が技能等の修得活動を終了して帰国した場合又は失踪，疾病等

の理由により当該活動の継続が不可能な事態が生じた場合に,監理団体に地方入国管理局への報告を義務付けるとされている(上陸基準省令「技能実習1号ロ」第9号参照)。

9 施設に係る変更基準省令

第9号	[企業単独型]	宿泊施設の確保	実習実施機関,団体監理型の場合は監理団体又は実習実施機関が技能実習生用の宿泊施設を確保していること
第10号	[団体監理型]		

❶ 宿泊施設の確保(変更基準省令[企業単独型]第9号/[団体監理型]第10号)

　技能実習生が技能等の修得活動を継続していくために,実習実施機関,団体監理型の場合は監理団体又は実習実施機関にその宿泊施設の確保を求めるとされている。宿舎に関する規定は,労働基準法第10章(寄宿舎)により寄宿労働者の私生活の自由を保障し,安全衛生を維持するために定められている(上陸基準省令「技能実習1号イ」第14号及び「技能実習1号ロ」第11号参照)。

10 労災保険に係る変更基準省令

第10号	[企業単独型]	労災保険等による保障措置	実習実施機関,団体監理型の場合は監理団体又は実習実施機関が,申請人が技能等の修得活動を開始する前に,実習実施機関の事業に関する労働者災害補償保険法による労働者災害補償保険に係る保険関係の成立の届出その他これに類する措置を講じていること
第11号	[団体監理型]		

❶ 労災保険等による保障措置(変更基準省令[企業単独型]第10号/[団体監理型]第11号)

　技能実習生が実習実施機関での技能等の修得活動中に死亡,負傷又は疾病

に罹患した場合，その補償が確実に行われるように補償措置を講じることを義務付けるとされている。労災保険に加入している場合には，補償措置が講じられていると認められ民間の任意保険の加入は義務付けられていないが，民間の任意保険に加入した場合でも，労災保険に加入する必要がある（上陸基準省令「技能実習1号イ」第15号及び「技能実習1号ロ」第12号参照）。

11 文書作成等に係る変更基準省令

第12号	［企業単独型］	実習実施状況文書作成・備付け・保存	実習実施機関が技能実習の実施状況に係る文書を作成し，技能実習を実施する事業所に備え付け，当該技能実習の終了の日から1年以上保存することとされていること
第18号	［団体監理型］		

① 実習実施状況文書作成・備付け・保存（変更基準省令［企業単独型］第12号／［団体監理型］第18号）

技能実習の実施状況に係る文書作成，備付け及び当該文書の保存を，実習実施機関に義務付けるとされている。技能実習計画に基づいて技能実習を実施するため，実習内容や指導事項，今後の課題等を記載する"技能実習日誌"を作成して技能実習実施状況を把握する必要がある（上陸基準省令「技能実習1号イ」第17号及び「技能実習1号ロ」第30号参照）。

12 不正行為・欠格事由に係る変更基準省令

第13号	[企業単独型]	不正行為など欠格事由 [企業単独型]／[団体監理型] (実習実施機関又はその経営者，管理者，技能実習指導員若しくは生活指導員) [団体監理型] (監理団体又はその役員，管理者若しくは技能実習の監理に従事する常勤の職員) (あっせん機関又はその経営者，管理者若しくは常勤の職員)	上陸基準省令の技能実習第1号イ，技能実習第1号ロ又は研修の表に掲げる不正行為を行ったことがある場合は，当該不正行為が終了した日後，それぞれの表に掲げる期間を経過し，かつ，再発防止に必要な改善措置が講じられていること ただし，当該不正行為が技能実習の適正な実施を妨げるものでなかった場合は，この限りでない
第14号，第19号，第24号	[団体監理型]	^	^
第14号	[企業単独型]	^	上陸基準省令の技能実習第1号イ，技能実習第1号ロ又は研修の表に掲げる不正行為を行い，当該行為に対し地方入国管理局から改善措置を講ずるよう指導を受けた場合は，再発防止に必要な改善措置が講じられていること
第15号，第20号，第25号	[団体監理型]	^	^
第15号	[企業単独型]	^	「技能実習1号イ」の上陸基準省令第21号イからニまでに掲げる規定により刑に処せられたことがある場合は，その執行を終わり，又は執行を受けることがなくなった日から5年を経過していること
第16号，第21号，第26号	[団体監理型]	^	^
第15号の2	[企業単独型]	^	過去5年間に当該機関の事業活動に関し，外国人に不正に入管法第3章の上陸審査，口頭審理及び異議申出の規定による在留資格認定証明書の交付，上陸許可の証印若しくは許可，同章の上陸特例の規定による上陸許可若しくは入管法第4章の在留，在留資格の変更及び取消等若しくは法第5章の退去強制手続の審査，口頭審理及び異議の申出の規定による許可を受けさせる目的で，文書若しくは図画を偽造・変造し，虚偽の文書若しくは図画を作成し，偽造・変造された文書若しくは図画・虚偽の文書・図画を行使し，所持し，若しくは提供し，又はこれらの行為を唆し，若しくはこれを助ける行為を行ったことがないこと
第16号の2，第21号の2，第26号の2	[団体監理型]	^	^

第16号	［企業単独型］	不正行為など欠格事由［企業単独型］／［団体監理型］（実習実施機関の経営者又は管理者）［団体監理型］（監理団体の役員又は管理者）（あっせん機関の経営者又は管理者）	過去5年間に他の機関の経営者，役員又は管理者として外国人の技能実習又は研修の運営又は監理に従事していたことがあり，その従事期間中，当該他の機関が技能実習第1号イ，技能実習第1号ロ又は研修の表に掲げる不正行為を行っていた場合は，当該不正行為が終了した日後，それぞれの表に掲げる期間を経過していることただし，当該不正行為が技能実習の適正な実施を妨げるものでなかった場合は，この限りでない
第17号，第22号，第27号	［団体監理型］		

❶ 不正行為など欠格事由（不正行為の表／変更基準省令［企業単独型］第13～14号／［団体監理型］第14～15号，第19～20号，第24～25号）

　企業単独型にあっては実習実施機関，団体監理型にあっては監理団体，実習実施機関若しくはあっせん機関又はそれらの経営者，役員，管理者，指導員若しくは常勤の職員等が，過去一定期間内に研修又は技能実習に係る上陸基準省令の表に掲げる"不正行為"を行った場合，その不正行為の内容によって1年間から5年間技能実習生の在留資格の変更を認めないとするとされている。ただし，地方入国管理局が，不正行為の内容が技能実習の適正な実施を妨げるものではないと認定した場合は，受入れ停止の処分は免れる。

　研修及び技能実習に係る上陸基準省令の表に掲げる"不正行為"を行ったことに対し，地方入国管理局から改善措置を講ずるよう指導を受けた場合，再発防止に必要な改善措置が講じられていなければ，新たな技能実習生の受入れの再開を認めないとするとされている（上陸基準省令「技能実習1号イ」第18～20号及び「技能実習1号ロ」第16～18号参照）。

❷ 不正行為など欠格事由（法令違反／変更基準省令［企業単独型］第15号／［団体監理型］第16号，第21号，第26号）

　企業単独型にあっては実習実施機関，団体監理型にあっては監理団体，実

習実施機関若しくはあっせん機関又はそれらの経営者，役員，管理者，指導員若しくは常勤の職員等が入管法，労働基準法，船員法，最低賃金法の規定により処罰された場合，一定期間技能実習生の在留資格の変更を認めないとするとされている（上陸基準省令「技能実習1号イ」第21号及び「技能実習1号ロ」第19号参照）。

❸ 不正行為など欠格事由（偽変造・虚偽文書，教唆・幇助/変更基準省令 [企業単独型] 第15号の2／[団体監理型] 第16号の2，第21号の2，第26号の2)

企業単独型にあっては実習実施機関，団体監理型にあっては監理団体，実習実施機関若しくはあっせん機関又はそれらの経営者，役員，管理者，指導員若しくは常勤の職員等が外国人に対して不正に在留資格認定証明書の交付や上陸許可を受けさせること等を目的に文書若しくは図画を偽造・変造し，虚偽文書等を作成し，若しくはこれらの文書等を行使・所持・提供し又はこれらの行為を教唆し，若しくはこれを幇助した場合，在留資格の変更を認めないとするとされている（上陸基準省令「技能実習1号イ」第21号の2及び「技能実習1号ロ」第19号の2参照）。

❹ 不正行為など欠格事由（他の機関における不正行為／変更基準省令 [企業単独型] 第16号／[団体監理型] 第17号，第22号，第27号)

不正行為をした実習実施機関の経営者，団体監理型は監理団体の役員及びあっせん機関の経営者又は管理者が，別の機関に移籍したり新たな機関を設立したりした場合には，当該別の機関又は新規設立機関についても技能実習生の受入れを認めないとするとされている。

13-1 技能実習期間に係る変更基準省令

第17号	［企業単独型］	技能実習の活動可能期間	申請人が従事しようとする技能実習の活動の期間が，次のいずれにも該当すること イ 「技能実習第1号」に応じた活動の期間（資格変更又は期間更新の規定に基づき在留期間の満了後引き続き本邦に在留することができる期間を除く（以下ロにおいて同じ））が1年以下であること ロ 「技能実習第1号」に応じた活動の期間が9月以下である場合は，「技能実習第2号」に応じた活動の期間が「技能実習第1号」に応じた活動の期間のおおむね1.5倍以内であること ハ 「技能実習第2号」に応じた活動の期間と「技能実習第1号」に応じた活動の期間（資格変更又は期間更新の規定に基づき在留期間の満了後引き続き本邦に在留することができる期間を含む）を合わせて3年以内の期間であること
第28号	［団体監理型］		

❶ 技能実習の活動可能期間（技能実習第1号／変更基準省令［企業単独型］第17号イ／［団体監理型］第28号イ）

「技能実習1号」の技能実習生が，技能等の修得活動に従事することができる期間について定めるとされている。技能等の修得活動に従事することができる期間は1年以内と定められている。ただし，入管法第20条第5項，同第21条第4項に定める在留資格の変更・更新申請に係る「在留期間の満了後引き続き本邦に在留することができる期間」は，「技能実習1号」で在留できる期間を1年以内とする本則にかかわらず，1年を超えて在留することができる。

「在留期間の満了後引き続き本邦に在留することができる期間」とは，在

留資格「技能実習1号」から「技能実習2号」への変更申請が行われ,「技能実習1号」の在留期間の満了日までに変更の許可・不許可の処分がなされない場合で,次のいずれか早い日までの期間である。

1　当該処分がされる日
2　現に有する在留資格の在留期間から2か月を経過する日

例えば,「技能実習1号」の在留期間1年間の満了日が12月31日であり,その満了日までに在留資格変更の許可・不許可の処分がなされず,翌年1月31日に許可の処分がなされた場合,「技能実習1号」の活動可能期間である1年間を1か月間超過することになるが,この1か月間(この間,技能実習1号の活動が継続して行われている)は,技能実習1号として在留できる期間を1年とする本則にかかわらず,特例的に在留(活動)が認められる。

なお,「現に有する在留資格の在留期間から2か月を経過する日」とされているため,在留資格変更の許可・不許可は,原則として在留期間の満了日から2か月以内に決定されることを意味する。

図表7-8：在留期間の伸長期間

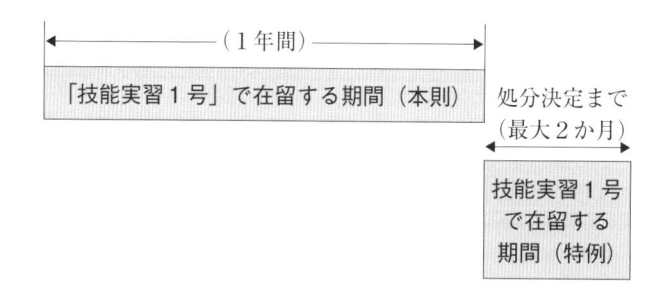

```
←――――― (1年間) ―――――→
┌─────────────────────────┐
│「技能実習1号」で在留する期間(本則)│　処分決定まで
└─────────────────────────┘　(最大2か月)
                          ┌──────┐
                          │技能実習1号│
                          │で在留する │
                          │期間(特例)│
                          └──────┘
```

❷ 技能実習の活動可能期間（技能実習第2号／変更基準省令[企業単独型]第17号ロ／[団体監理型]第28号ロ）

「技能実習1号」の技能等の修得活動の期間が9月以下である場合,「技能実習2号」の技能実習生が技能等を習熟するために当該業務に従事すること

ができる活動期間について定めるとされている。その場合の「技能実習2号」の活動可能期間は，「技能実習1号」の期間のおおむね1.5倍以内である。また，在留資格の変更・更新申請に対する「在留期間の満了後引き続き本邦に在留することができる期間」については，9月以下の期間から除外される（169頁参照）。

例えば，「技能実習1号」の在留期間が8か月の場合，「技能実習2号」の活動可能期間は，8か月のおおむね1.5倍以内である12か月までである。

図表7-9：「技能実習2号」の活動期間（「技能実習1号の期間9月以下」）

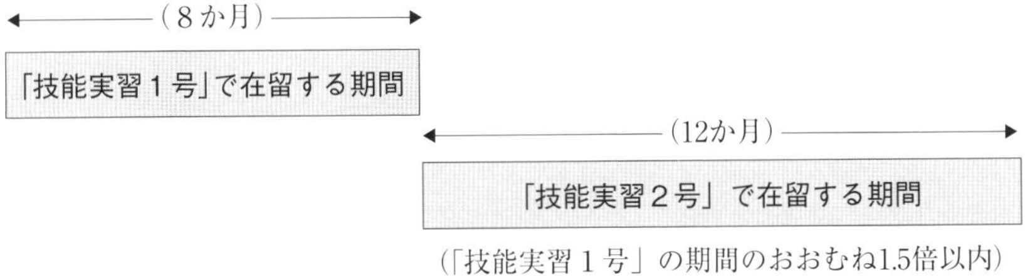

←――（8か月）――→
「技能実習1号」で在留する期間

　　　　　　　←――――（12か月）――――→
　　　　　　　「技能実習2号」で在留する期間
　　　　　　　（「技能実習1号」の期間のおおむね1.5倍以内）

③ 技能実習の活動可能期間（技能実習第2号／変更基準省令［企業単独型］第17号ハ／［団体監理型］第28号ハ）

「技能実習1号」の技能等の修得活動の期間が9月超1年以下である場合，「技能実習2号」の技能実習生が技能等を習熟するために当該業務に従事することができる活動期間について定めるとされている。その場合の「技能実習2号」の活動可能期間は，「技能実習1号」の期間と「技能実習2号」の期間を合わせて3年以内である。

例えば，「技能実習1号」の在留期間が1年の場合，「技能実習1号」の期間と「技能実習2号」の期間を合わせて3年以内とされているので，「技能実習2号」で在留できる期間は2年以内となる。

> **図表７−10：「技能実習２号」の活動期間（「技能実習１号の期間９月超１年以下」）**

```
←―――（１年間）―――→
┌────────────────┐
│「技能実習１号」で在留する期間│
└────────────────┘
                   ←――――――（２年間）――――――→
                   ┌──────────────────────┐
                   │  「技能実習２号」で在留する期間  │
                   └──────────────────────┘
```

（「技能実習１号」の期間と「技能実習２号」の期間を合わせて３年以内）
（したがって，図表７−８のように特例により技能実習１号で在留した期間が１年１か月の場合，技能実習２号で在留できる期間は１年11か月となる。）

13-2 技能実習期間に係る変更基準省令

❶ 在留期間の満了日前の変更許可

　在留資格「技能実習１号」から「技能実習２号」への変更申請が行われ，「技能実習１号」の在留期間の満了日前に変更許可の処分がなされた場合，その許可の日が「技能実習２号」の在留期間の起算日となる。そのため，変更許可の日から当初の「技能実習１号」の在留期間の満了日までの期間については，当初の「技能実習１号」の在留期間の満了日が結果的に短縮されることになる。

　例えば，「技能実習１号」の在留期間１年間の満了日が12月31日であり，その満了日前の当年12月21日に在留資格変更の許可がなされた場合，「技能実習２号」の在留期間の起算日は12月22日となる。そのため，12月22日から12月31日までの10日間が短縮される。

図表7−11：在留期間満了日前の決定処分による短縮期間

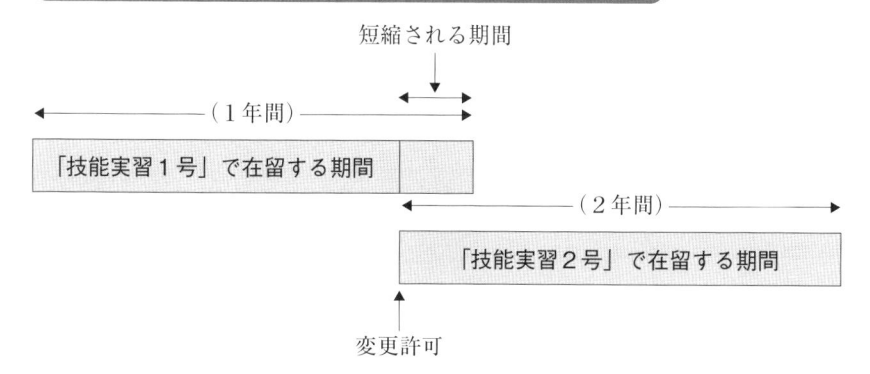

```
         短縮される期間
←――――（1年間）――――→ ↔
┌─────────────────────┬───┐
│「技能実習1号」で在留する期間│   │
└─────────────────────┴───┘
                    ←―――――（2年間）―――――→
                    ┌──────────────────────┐
                    │「技能実習2号」で在留する期間│
                    └──────────────────────┘
                    ↑
                  変更許可
```

❷ 在留期間の満了日後の決定処分

　在留資格「技能実習1号」から「技能実習2号」への変更申請が行われ，「技能実習1号」の在留期間の満了日後に変更許可の処分がなされた場合，その処分の日が「技能実習2号」の在留期間の起算日となる。そのため，当初の「技能実習1号」の在留期間の満了日から変更許可の決定処分の日までの期間については，従前の在留資格「技能実習1号」の在留期間が結果的に伸長されることになる。

　例えば，「技能実習1号」の在留期間1年間の満了日が12月31日であり，その満了日後の翌年1月11日に在留資格変更の許可の処分がなされた場合，「技能実習2号」の在留期間の起算日は1月11日となる。その結果，「技能実習1号」で在留する期間が1月1日から1月10日まで10日間伸長される。

図表７−12：在留期間満了日後の決定処分による伸長期間

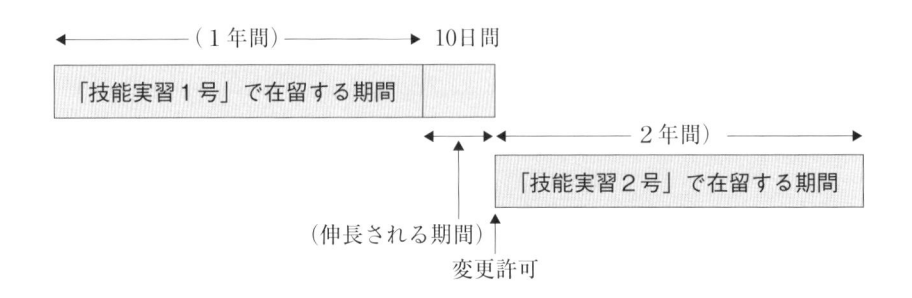

```
←―――（１年間）―――→ 10日間
┌──────────────────┬────┐
│「技能実習１号」で在留する期間 │    │
└──────────────────┴────┘
                      ←→←―――（２年間）―――→
                         ┌────────────────┐
                         │「技能実習２号」で在留する期間│
                         └────────────────┘
                    （伸長される期間）↑
                         変更許可
```

③ 在留期間の伸長と技能実習の最長期間（変更基準省令［企業単独型］第17号ハ／［団体監理型］第28号ハ括弧書き）

　「技能実習１号」の在留期間の満了日後に変更許可の処分がなされた場合，在留資格「技能実習１号」で在留する期間が結果的に伸長されることになるが，伸長された場合であっても，「技能実習１号」の期間と「技能実習２号」の期間を合わせた期間は，最長３年を超えることはできない。

　例えば，「技能実習１号」の在留期間１年間の満了日が12月31日であり，その満了日までに在留資格変更の許可の処分がなされず，翌年１月31日にその決定処分がなされた場合，「技能実習２号」の在留期間の起算日は翌年２月１日となる。しかし，「技能実習１号」の期間と「技能実習２号」の期間を合わせた期間は最長３年を超えることはできないとされているので，「技能実習２号」で在留する期間は１年11か月となる。

図表7-13：在留期間の合計期間

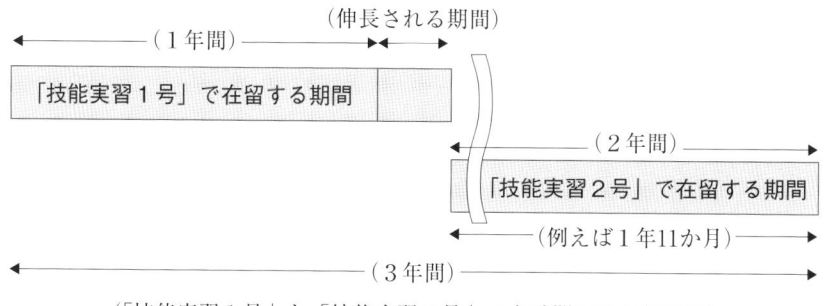

```
←――――(1年間)――――→(伸長される期間)
┌──────────────────────┬──┐
│「技能実習1号」で在留する期間 │  │
└──────────────────────┴──┘
                        ←――――――(2年間)――――――→
                        ┌──────────────────────┐
                        │「技能実習2号」で在留する期間│
                        └──────────────────────┘
                         ←―――(例えば1年11か月)―――→
←―――――――――――(3年間)―――――――――――→
```

(「技能実習1号」と「技能実習2号」の合計期間は3年以内)

第8章 企業単独型と団体監理型の主な相違

1 企業単独型と団体監理型の不正行為の通知割合

　技能実習制度では，一部の監理団体である事業協同組合や実習実施機関である受入企業等において，本来の技能実習制度の目的が十分に理解されず，技能実習生が実質的に低賃金労働者として扱われている例が見られ，あるいはサービス残業といった賃金不払い等の労働関係法令の違反も発生している。

　入国管理局では，外国人研修・技能実習制度に関する不適正な行為を行った機関に対して"不正行為"を行ったと認められる旨の通知をしている。法務省入国管理局の広報資料によると，2012年（平成24年）に"不正行為"に係る通知をした機関は，企業単独型は0機関，団体監理型は197機関である。受入れ機関別では監理団体が9機関，実習実施機関が188機関となっており，9割以上が実習実施機関である。

　こうした不正行為の割合の相違から，企業単独型と団体監理型では技能実習制度の法的保護やその法的地位の安定化を図るために，上陸基準省令を中心に異なった措置が規定されている。

図表8－1：平成24年度の「不正行為」認定について（入国管理局）

		平成19年	平成20年	平成21年	平成22年	平成23年	平成24年
企業単独型		9	7	2	3	2	0
団体監理型	監理団体（第一次受入れ機関）	36	29	34	17	14	9

177

実習実施機関 (第二次受入れ機関)	404	416	324	143	168	188
計	449	452	360	163	184	197

2 団体要件省令の主な要件

❶ 監理体制に係る要件

　団体監理型の技能実習制度は，入管法により，技能，技術若しくは知識を修得する活動が監理団体の責任及び監理の下に行われることが明確にされている。そのため，団体要件省令により，次の監理体制の基準が定められている（団体要件省令第1条第3号，第4号，第8号参照）。

図表8-2：団体監理型の監理体制

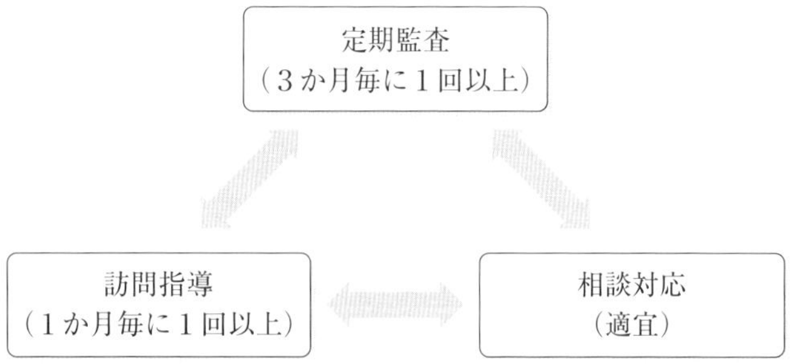

```
        定期監査
    （3か月毎に1回以上）
        ↙        ↘
  訪問指導          相談対応
（1か月毎に1回以上） ⇔  （適宜）
```

❷ 援助及び指導に係る要件

　団体監理型の技能実習生の受入れについて，国又は地方公共団体等から施設の無償提供，無料の講師派遣などを定めた基準である。国又は地方公共団体が適正かつ有意義なものと認めて支援・協力するなどし，適正な技能実習が確保されるようにしている（団体要件省令第1条第2号参照）。

③ 代替実習実施機関の確保に係る要件

　監理団体は，実習実施機関が事業縮小，経営不能に陥る等して技能実習生が技能等の修得活動を継続することが不可能となる事態が生じた場合に，新たな実習実施機関の確保に努めなければならない。そのため，日頃から傘下の実習実施機関の経営状態等を把握しておくなどして，万一に備えておく必要がある（団体要件省令第1条第5号参照）。

　また，技能実習の継続が不可能な事態が生じた場合，上陸基準省令により，実習実施機関及び監理団体は地方入国管理局への報告が義務付けられている。さらに監理団体の場合は，技能実習生が技能等の修得活動を終了して帰国した場合にも地方入国管理局への報告が義務付けられている（上陸基準省令「技能実習1号ロ」第9号参照）。

④ 監理費に係る要件

　監理団体が監理費を実習実施機関等から徴収する場合，その費用の使途を明確にするとともに，技能実習生に直接又は間接に負担させることを禁止している。ただし，宿泊施設や食事の提供，日用品の支給をした場合には，実費の範囲内で技能実習生から徴収することは禁止されていない（団体要件省令第1条第6号参照）。

⑤ 技能実習計画に係る要件

　技能実習計画の策定について，一定の経験又は知識を有する監理団体の役員又は職員が策定することを義務付けている。適正な技能実習実施計画を策定できる役・職員が，監理団体に在籍していなければならない（団体要件省令第1条第7号参照）。

3 企業単独型と団体監理型の上陸基準省令上の相違

1 申請人に係る相違

図表8−3：上陸基準省令の申請人に係る相違

	企業単独型	団体監理型
ⅰ　外国における業務経験	上陸基準省令1号	上陸基準省令第4号
ⅱ　外国の公的機関による推薦	な　し	上陸基準省令第5号

ⅰ　外国における業務経験

　企業単独型の技能実習生が日本にある企業等の外国にある関連会社からの受入れであって，その事業所において日本で修得しようとする技能等を用いる業務に従事している者が派遣されるので殊更（ことさら）に業務経験があることを要件として定めていないが，団体監理型にあっては，送出し機関から送り出される技能実習生は特定の事業所に所属するものでないので，各人について日本で修得しようとする技能等を用いる業務に従事した経験があることを明らかにしてもらうこととされている（上陸基準省令技能実習1号ロ第4号参照）。

ⅱ　外国の公的機関による推薦

　団体監理型の技能実習では，申請人に係る上陸基準省令として「外国の公的機関による推薦」を要件としているのに対し，企業単独型ではこれを要件としていない。これは，企業単独型は自社又は関連企業の職員の訓練を目的とするもので，日本への派遣について送出し国政府等の推薦を必要としないが，団体監理型にあっては送出し機関が送出し国ないしその地域において適正な事業を行っている機関であることを推薦という形で確認し，技能実習制度が適正かつ円滑に運営されることを目的としている（上陸基準省令技能実習1号ロ第5号参照）。

② 講習に係る相違

i 講習の実施方法

技能実習制度では，上陸基準省令により講習を座学（見学を含む）により実施することを要件としている。講習には次の4科目が規定されているが，講習の実施方法について，講習科目をどの時点で実施する必要があるかについては，企業単独型と団体監理型とでは異なった取扱いをしている。

1　日本語
2　本邦での生活一般に関する知識
3　入管法，労働基準法その他技能実習生の法的保護に必要な情報
4　1から3までに掲げるもののほか，本邦での円滑な技能等の修得に資する知識

企業単独型では，入国当初から雇用関係がある場合（転勤・出向），3「法的保護に必要な情報」については，技能等の修得活動前に実施しなければならない他の1「日本語」，2「生活一般に関する知識」，4「円滑な技能等の修得に資する知識」の講習については，随時技能等の修得活動期間中に実施すればよい。ただし，入国当初，技能実習生が雇用関係に基づかない出張の状態の場合は，1から4の全ての講習を技能等の修得活動前に実施する必要がある。

企業単独型の講習の実施方法については，雇用契約の始期の違いから次のように2つのケースが可能となる（上陸基準省令「技能実習1号イ」第7号ハ参照）。

図表8－4：上陸基準省令の講習に係る相違／企業単独型

	「技能実習1号」		「技能実習2号」
(1)	講習（科目：1日本語，2生活一般，4円滑な修得）		技能等の習熟活動
	（科目：3法的保護）	技能等の修得活動	

(2)	講習（1日本語，2生活一般，3法的保護，4円滑な修得）	技能等の修得活動	技能等の習熟活動

(技能等の修得活動及び技能等の習熟活動は，雇用契約を前提)
(1) 3法的保護の講習のみ，技能等の修得活動前に実施するケース
(2) 1から4のすべての講習を技能等の修得活動前に実施するケース

　団体監理型の講習の実施方法については，企業単独型のような取扱いはされておらず，1から4の全ての講習を技能等の修得活動前に行う必要がある。そのため，技能等の修得活動を実施するために前提となる雇用契約は，講習期間終了後に雇用契約の始期とすることが一般的である（上陸基準省令「技能実習1号ロ」第8号ハ参照）。

図表8－5：上陸基準省令の講習に係る相違／団体監理型

		「技能実習1号」		「技能実習2号」
(1)		講習（1日本語，2生活一般，3法的保護，4円滑な修得）	技能等の修得活動	技能等の習熟活動

　　　　　　　　　　　　　　　　　　←────── 雇用契約 ──────→

(技能等の修得活動及び技能等の習熟活動は，雇用契約を前提)
(1) 1から4の全ての講習を技能等の修得活動前に実施

ii　入国前の講習

　技能実習制度における講習時間は，技能等の修得活動に従事する時間全体の6分の1以上必要とされるが，入国前に"講習"又は"外部講習"を受講した場合，日本における講習の時間を技能等の修得活動に従事する時間全体の12分の1以上に短縮することができる。

　上陸基準省令では，企業単独型は実習実施機関，団体監理型は監理団体が実施主体となって行う座学を"講習"とし，実習実施機関又は監理団体以外の機関に委託して行われるものを"外部講習"としている。入国前の"講習"は，技能実習生を受け入れる企業等の職員が海外に出張するなどして外国にある事業所等において実施する講習であり，他の研修機関などに外部委

託する場合も含まれる。

　実習実施機関又は監理団体以外の機関が実施主体となる"外部講習"は，１．外国の公的機関，２．外国の教育機関の２つが想定される。また，企業単独型の場合，実習実施機関と技能実習生の送出し機関である所属機関とは関係性を有することとされているため，外部講習の実施主体には技能実習生の所属機関が含まれ３つとなる（上陸基準省令「技能実習１号イ」第７号ロ／上陸基準省令「技能実習１号ロ」第８号ロ参照）。

図表８－６："講習"と"外部講習"

	講　　習	外部講習
企業単独型	実習実施機関	外国の公的機関 外国の教育機関 外国の所属機関
団体監理型	監理団体	外国の公的機関 外国の教育機関

図表８－７：入国前の講習受講による講習時間の短縮

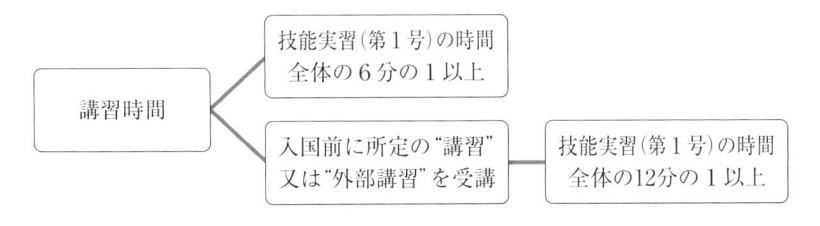

- 講習時間
  - 技能実習（第１号）の時間全体の６分の１以上
  - 入国前に所定の"講習"又は"外部講習"を受講 → 技能実習（第１号）の時間全体の12分の１以上

iii　講習の担当講師

　技能実習制度における講習科目のうち，３「入管法，労働基準法その他技能実習生の法的保護に必要な情報」の科目を担当する講師は「専門的な知識を有する者」に特定されているが，その「専門的な知識を有する者」について，企業単独型と団体監理型とでは規定を異にしている。

企業単独型では,「専門的な知識を有する者」の所属について特に特定されていないが,団体監理型においては「監理団体又は実習実施機関に所属する者を除く」と規定され,「専門的な知識を有する者」を外部の講師に特定している。なお,外部講師には,入管法令,労働関係法令等,技能実習生の法的保護に必要な情報について十分な知識を有すると認められる者で,具体的には弁護士,社会保険労務士,行政書士などが該当する(上陸基準省令「技能実習1号」第7号イ／上陸基準省令「技能実習1号ロ」第8号イ参照)。

図表8－8：担当講師の所属

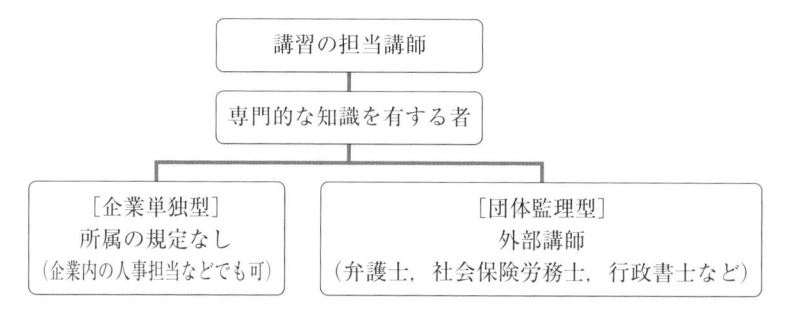

```
          講習の担当講師
               │
        専門的な知識を有する者
          ┌────┴────┐
    [企業単独型]        [団体監理型]
    所属の規定なし        外部講師
  (企業内の人事担当などでも可) (弁護士,社会保険労務士,行政書士など)
```

❸ 受入れ人数に係る相違

　実習実施機関に受け入れることができる技能実習生には人数枠が設けられており,実習実施機関の常勤職員の総数の20分の1以内,すなわち常勤職員数の5パーセントを超えて技能実習生(申請人を含む技能実習1号活動従事者)を受け入れることができないのが基本である。しかし,技能実習生の受入れ人数枠には特例が設けられており,この特例人数枠の該当要件について,企業単独型と団体監理型とでは異なった取扱いをしている。

　特例により,実習実施機関が受け入れることができる技能実習生の人数枠は,実習実施機関の常勤職員の総数が50人以下の場合,3人まで受け入れることができる。企業単独型の特例人数枠は,外国機関省令第2号の法務大臣の告示により技能実習生を受け入れる場合に適用される。ただし,この法務

大臣の告示により技能実習生を受け入れることができるのは，非常にまれなケースである。そのため，企業単独型における技能実習制度は，常勤職員数が20名未満の零細企業にとって，企業単独型で技能実習生を受け入れることが実質困難といえる。

これに対し団体監理型の人数枠は，団体要件省令の規定と関連付けして定められており"監理団体の種類""実習実施機関の要件・対象実習"によって区分されている。この取扱いにより，例えば，常勤職員数20名未満の零細企業の場合，企業単独型では技能実習生を受け入れることが困難であっても，事業協同組合の組合員になることにより，団体監理型によって受入れ人数の基準を満たすことができるようになる（上陸基準省令「技能実習1号イ」第11号但書／上陸基準省令「技能実習1号ロ」第24～29号参照）。

図表8-9：受入れ人数枠の特例

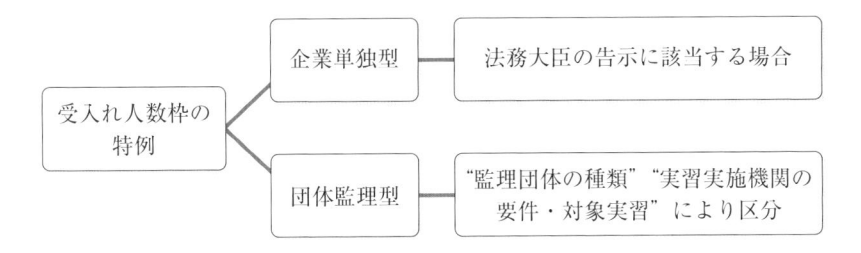

```
                    ┌─ 企業単独型 ─── 法務大臣の告示に該当する場合
受入れ人数枠の特例 ─┤
                    └─ 団体監理型 ─── "監理団体の種類""実習実施機関の
                                        要件・対象実習"により区分
```

4 営利・収益禁止に係る相違

監理団体が技能実習生と実習実施機関との間における雇用契約の成立をあっせんする団体監理型において，当該技能実習に係るあっせんを行うにあたり，監理団体が利益を得ることを禁止している。団体監理型は，入管法により「営利を目的としない団体」が技能実習生を受け入れて実施する技能実習制度である（上陸基準省令「技能実習1号ロ」第15号参照）。

また，あっせん機関がある場合，そのあっせん機関の非営利性及び非収益性を定めている（上陸基準省令「技能実習1号ロ」第35号参照）。

5 不正行為・欠格事由に係る相違

　入管法上の不正行為とは，実習実施機関，団体監理型の場合は監理団体又は実習実施機関等において，技能実習の適正な実施を妨げる行為をいう。企業単独型と団体監理型とでは，技能実習制度に関わる機関や個人に違いがあるため，上陸基準省令では企業単独型と団体監理型それぞれの機関における不正行為等の欠格事由を具体的に詳細に定めている。

　なお，2010年（平成22年）7月1日から施行されている改正入管法は，研修生・技能実習生の法的保護及びその法的地位の安定化を図るための措置が講じられているが，2012年（平成24年）11月1日に施行された改正上陸基準省令により，さらに研修生・技能実習生の保護の強化が図られている。

図表8－10：機関別　不正行為等の欠格事由

	企業単独型	団体監理型
監理団体	×	○
実習実施機関	○	○
あっせん機関	×	○
送出し機関	○	○

CHAPTER 第9章 職業紹介事業

1 職業紹介事業と団体監理型

❶ 職業紹介となる技能実習制度

　入管法の改正により，2010年（平成22年）7月以降に受け入れる技能実習生については，入国後1年目から受入れ企業である実習実施機関と雇用契約を締結しなければならない。

　受入れ団体である監理団体が送出し機関と連携して行っている団体監理型の技能実習生受入事業では，監理団体が実習実施機関と技能実習生との雇用契約の成立をあっせんする職業紹介事業を行うことになるため，監理団体は職業安定法に基づく職業紹介事業の許可又は届出が必要となる。

図表9－1：監理団体による職業紹介事業

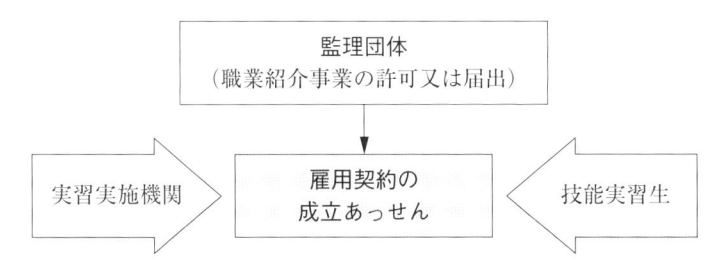

```
         監理団体
 （職業紹介事業の許可又は届出）
              ↓
  実習実施機関 → 雇用契約の    ← 技能実習生
                 成立あっせん
```

❷ 職業紹介の種類

　"職業紹介"とは，求人及び求職の申込みを受け，求人者と求職者との間

における雇用関係の成立をあっせんすることをいう（職業安定法第4条第1項）。職業紹介事業には，無料職業紹介事業（許可制又は届出制）及び有料職業紹介事業（許可制）がある。

無料職業紹介事業においては，職業紹介に関し，いかなる名義においてもその手数料又は報酬を受けることはできず，有料職業紹介事業では，建設業務及び港湾運送業務に係る職業紹介を行うことはできない。技能実習生の職業紹介事業については，営利を目的としない監理団体が行うことになるため，原則として，監理団体において無料職業紹介事業の許可又は届出を行うことになる。

図表9－2：職業紹介とは（厚生労働省）

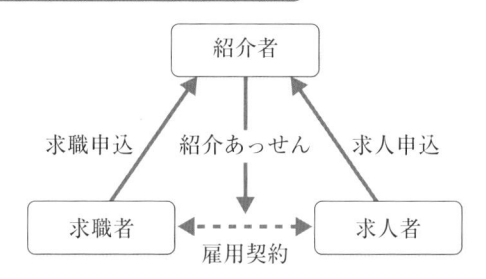

```
            紹介者
           ↗  ↓  ↖
      求職申込 紹介あっせん 求人申込
         ↗      ↓      ↖
      求職者 ←------→ 求人者
              雇用契約
```

「職業紹介」……求人及び求職の申込みを受け，求人者と求職者の間の雇用関係の成立をあっせんすること

図表9－3：職業紹介事業の種類

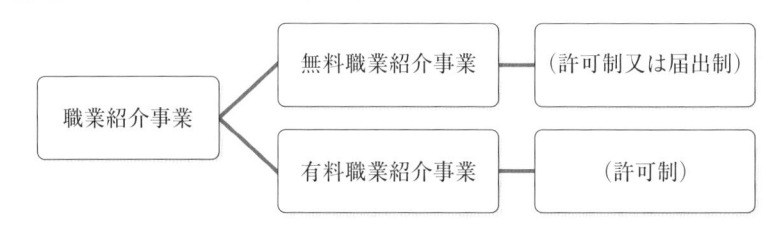

職業紹介事業	無料職業紹介事業	（許可制又は届出制）
	有料職業紹介事業	（許可制）

③ 職業紹介責任者

職業紹介事業を行うに当たっては，事業所ごとに専属の職業紹介責任者を選任しなければならない。職業紹介責任者は，求人者及び求職者から受けた苦情の処理に関すること，職業紹介に係る求人者の情報及び求職者の個人情報の管理などを職務とし，その事業所が雇用する従業員であることが必要である。

なお，職業紹介事業者が法人の場合，当該法人の役員を選任できる。

職業紹介責任者には，労働関係法令に関する知識及び職業紹介事業に関する経験を有する者，成年に達した後３年以上の職業経験を有する者であり，禁錮以上の刑若しくは労働に関する法律の規定よる罰金の刑などに処せられその執行を終わった日から５年を経過しない者などいずれの欠格事由にも該当しないことのほか，職業紹介責任者講習を受講した者が職業紹介責任者として認められる。

職業紹介責任者講習は，職業紹介事業の許可申請や届出前にを受講する必要があり，公益社団法人全国民営職業紹介事業協会又は一般社団法人日本人材紹介事業協会で受講することができる。職業紹介責任者講習の有効期限は５年であり，職業紹介責任者は５年ごとに講習を受講する必要がある。

図表９－４：主な職業紹介責任者の要件

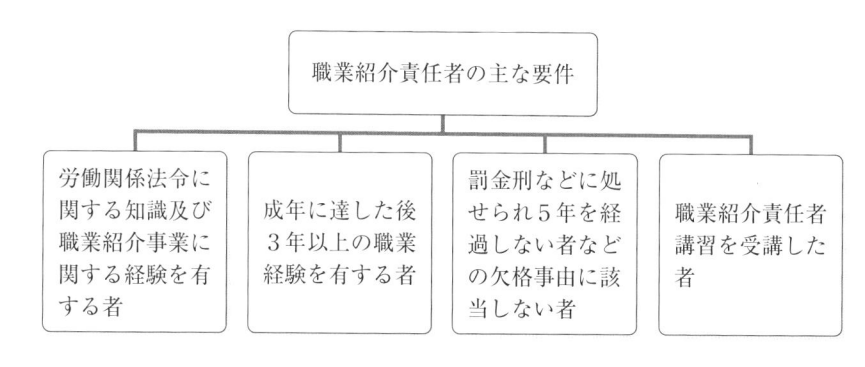

```
           職業紹介責任者の主な要件
  ┌──────────┬──────────┬──────────┬──────────┐
  │労働関係法令に│成年に達した後│罰金刑などに処│職業紹介責任者│
  │関する知識及び│３年以上の職業│せられ５年を経│講習を受講した│
  │職業紹介事業に│経験を有する者│過しない者など│者            │
  │関する経験を有│              │の欠格事由に該│              │
  │する者        │              │当しない者    │              │
  └──────────┴──────────┴──────────┴──────────┘
```

4 本邦外から受け入れる技能実習生に係る職業紹介

　監理団体が外国の送出し機関と連携し雇用契約の成立をあっせんする職業紹介事業は，送出し機関と職業紹介に係る役割分担等を取り決める業務提携の契約を締結する。この契約は，通常，外国人技能実習事業に関する協定書などで行う。

　また，本邦外の送出し機関から技能実習生を受け入れる職業紹介は，次の要件が必要となる。

1　提携先として許可を受けた，又は届出をした送出し機関であること
2　職業紹介事業の申請書又は届出書に記載した国を相手国として職業紹介事業を行うこと
3　入管法関係法令及び相手先国の法令を遵守して職業紹介事業を行うこと（提携先の送出し機関についても相手国の法令等に従った許可等を受けていること）
4　求職者である技能実習生に対して渡航費用その他費用を貸付け，又は求人者である監理団体又は実習実施機関がそれらの費用を貸し付けた職業紹介ではないこと

2 職業紹介事業の手続

1 "特別の法人"の種類

　職業紹介事業は，職業安定法第33条及び第33条の3に定める無料職業紹介事業（許可制又は届出制）並びに同第30条に定める有料職業紹介事業（許可制）がある。技能実習生の職業紹介事業については，営利を目的としない監理団体が行うことになるため，原則として，監理団体において無料職業紹介事業の"許可"又は"届出"を行うことになる。営利を目的としない監理団体における団体監理型の技能実習制度は，職業紹介事業に関する手続におい

て"特別の法人が行う無料職業紹介事業"の区分となる。

「特別の法人が行う無料職業紹介事業」の"特別の法人"とは，職業安定法第33条の3に定める「特別の法律により設立された法人」をいい，技能実習制度の監理団体に係る主な法人は以下のとおりである。

図表9-5：特別の法人の種類

	特別な法律	設立された法人
1	農業協同組合法	農業協同組合
2	水産業協同組合法	漁業協同組合又は水産加工業協同組合
3	中小企業等協同組合法	事業協同組合又は中小企業団体中央会
4	商工会議所法	商工会議所
5	中小企業団体の組織に関する法律	商工組合
6	商工会法	商工会

❷ 特別の法人の"届出"に係る要件

"特別の法人"における無料職業紹介事業については，職業安定法施行規則第25条の3第1項等の次の要件を満たす場合，厚生労働大臣への"許可"を要せずに"届出"により無料職業紹介事業を行うことができる。そのため，一般的に，監理団体において無料職業紹介事業の"届出"を行うことになる。

なお，ここでいう「構成員」及び「求人者」とは，実習実施機関をいう。

1　特別の法人の構成員の数が10以上であること
2　特別の法人の構成員等を求人者として職業紹介事業を行う法人であること

厚生労働大臣への届出により特別の法人が行う無料職業紹介事業は，求人者及び求職者が限定されるが，厚生労働大臣の"許可"を得た場合には，求人者及び求職者を限定せずに一般的な無料職業紹介事業を行うことができ

る。厚生労働大臣の"届出"及び"許可"に係る要件の主な相違は，次のようになる。

図表９－６：無料職業紹介事業の"許可""届出"

	無料職業紹介事業の"許可"	無料職業紹介事業の"届出"
構成員数	制限なし	10以上
資産要件	資産500万円以上，かつ，現預金150万円以上	制限なし
事業所	面積20㎡以上	制限なし
職業紹介責任者	設置義務あり	設置義務あり
求人者及び求職者	限定不要	限　定

第10章 技能実習事業に係る管理費等

1 監理費等に関する指針，ガイドライン

❶ 指針とガイドライン

　外国人技能実習制度を運営，実施するに当たっては，講習期間中の講習手当や技能実習期間中に支払う賃金のほか，団体監理型に当たっては，監理団体の監理業務に要する経費や外国の送出し機関が技能実習生の送出し業務に要する経費，技能実習生の往復旅費その他諸経費が発生する。

　法務省入国管理局では，「技能実習生の入国・在留管理に関する指針」により"監理費の適正な取扱い"について定められている。また，JITCOにおいては，講習手当や賃金，監理費等に適切に対応するための具体的な取扱いに関して「外国人技能実習制度における講習手当，賃金及び監理費等に関するガイドライン」が示されている。

❷ 監理費等の取扱いの原則

　監理費等は，どの項目にどの程度の費用を要し，それを誰が負担し，どのように徴収・収受するかということを明確にしておくことが技能実習事業の適正かつ円滑な実施のために極めて重要である。

　そのため，監理費等については賃金とは別に明確に区分し，さらに職業紹介事業に要する費用についても監理費等とは区分しておかなければならない（明確性）。技能実習事業を適法かつ効果的に実施するためには，どのような業務をどの程度実施し，それらの業務をどのように役割分担するか等につい

て関係当事者が十分に協議のうえ，公平に監理費等の額を決定し契約する必要がある（公平性）。さらに，監理費等の額は，実施する業務との対価関係として合理的な範囲内にあるなど，業務に必要とされる実際の負担額を勘案した適正な額でなければならない（適正性）。

図表10－1：監理費等の取扱いの3原則

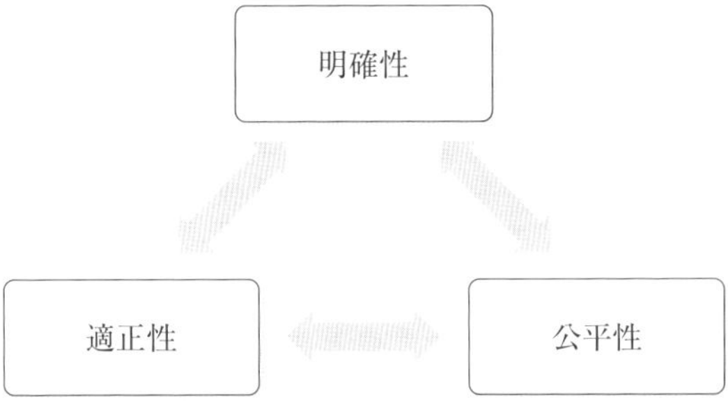

```
        明確性
       /    \
    適正性 ── 公平性
```

2 「技能実習生の入国・在留管理に関する指針」

❶ 監理費の適正な取扱い（団体要件省令第1条第6号）

「技能実習生の入国・在留管理に関する指針」では，監理団体の監理費の適正な取扱いについて規定している。

監理団体は，講習の実施に要する会場費や講習手当等の費用，団体要件省令第1条第6号に定める監査の実施に要する交通費などの監理費を徴収する場合，技能実習生を受け入れる前に，費用を負担することとなる実習実施機関に対してその金額及び使途を明示する必要があり，これら経費を技能実習生に直接・間接を問わず負担をさせてはならない（団体要件省令第1条第6号参照）。

❷ 監理費の適正な取扱い（上陸基準省令「技能実習１号ロ」第15号参照）

　監理団体が，職業安定法等に規定する無料職業紹介事業を行っている場合，監理団体が徴収する監理費等諸費用の中に，名目のいかんを問わず，技能実習生の紹介に要する費用（実費を含む）が含まれてはならない。

　「紹介に要する費用（実費を含む）」は，監理団体の職業紹介事業に要する費用であり，具体的にはその紹介事業を行うための人件費，交通費，通信費等が含まれる。

　なお，監理団体が宿泊施設や食事の提供，日用品の支給を行う場合にあっては，技能実習生から実費の範囲内でその費用を徴収しても差し支えない（上陸基準省令「技能実習１号ロ」第15号参照）。

　これらのほか，送出し機関が技能実習生の派遣等に要する費用を「管理費」と称して一定の金銭の支払いを技能実習生に求めることがあるが，これについても受入れに係る協定書等に基づいて監理団体から支払うべきであり，技能実習生に負担させてはならない。

　「技能実習生の入国・在留管理に関する指針」の監理費の適正な取扱いについての記載事項をまとめると，以下のようになる。

図表10－２：「技能実習生の入国・在留管理に関する指針」のポイント

監理費の適正な取扱い		
事　例	対　応	注意点
監理団体が監査に要する費用を徴収する	技能実習生を受け入れる前に，費用を負担することとなる機関に対してその金額及び使途を明示	技能実習生に直接又は間接に負担をさせない

監理団体が職業安定法等に規定する無料職業紹介事業を行う	監理団体が徴収する費用の中に，名目のいかんを問わず，技能実習生の紹介に要する費用（実費を含む）が含まれてはならない	「紹介に要する費用（実費を含む）」は，監理団体の職業紹介事業に要する費用であり，具体的にはその紹介事業を行うための人件費，交通費，通信費等を含む
監理団体が宿泊施設や食事の提供，日用品の支給をする	技能実習生から実費の範囲内でその費用を徴収しても差し支えない	―
上記ほか，送出し機関が技能実習の派遣等に要する費用を「管理費」と称して一定の金銭の支払いを求める	受入れに係る協定書等に基づいて監理団体から支払うべき	技能実習生に負担させてはならない

3 「外国人技能実習制度における講習手当，賃金及び監理費等に関するガイドライン」

❶ ガイドラインの監理費等

　本ガイドラインの監理費等とは，外国人技能実習事業を実施するにあたり，監理団体及び送出し機関の双方が行う幅広い業務に必要とされる直接・間接の経費をいい，「受入監理費」，「送出し管理費」，「送出しに要する諸経費」の3つに区分している。

図表10－3：3つの監理費等

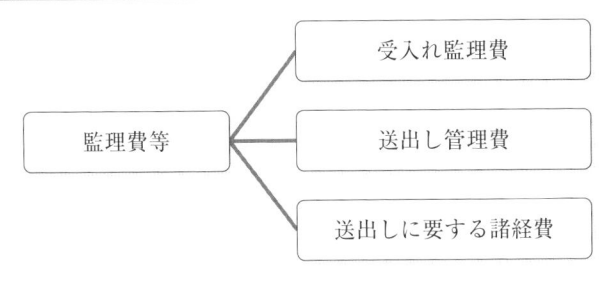

```
                 ┌─ 受入れ監理費
     監理費等 ──┼─ 送出し管理費
                 └─ 送出しに要する諸経費
```

② 監理費等（受入れ監理費）

1つ目の監理費等の「受入れ監理費」は，監理団体が技能実習事業実施するために必要な監理業務に要する経費をいう。

受入れ監理費の具体的な金額については，監理団体が実習実施機関に対して実施する監理・支援をどの程度行うかによって個別・具体的に決定されるべきものである。「受入れ監理費」の徴収は，監理団体が実習実施機関から直接行うこととなる。監理団体が監理費用を徴収する場合，実習実施機関に対してその金額及び使途を明示するとともに，技能実習生に負担をさせてはならない。受入れ監理費としては，主に以下に要する費用という（団体要件省令第1条第6号参照）。

図表10－4：受入れ監理費と留意事項

主な「受入れ監理費」	留意事項
講習の実施に関する費用	本邦外において監理団体が実施する講習を含む（監理団体が外国の機関に委託して実施する講習を含む）
監査の実施に関する費用	―
訪問指導等の実施に関する費用	―
送出し機関との連絡，協議に要する費用	―

技能実習生の渡航及び帰国に要する費用	―
実習実施機関及び技能実習生に対する相談・支援に要する費用	―
倒産等により技能実習が継続できなくなった場合の対応に要する費用	技能実習生の当面の生活に要する費用を含み，職業紹介に係る費用を除く
技能実習事業を実施するために必要な人件費，事務所経費，会議費等の管理的な費用	―

　次の経費は，技能実習事業を行うに当たり，技能実習生を雇用することに伴う経費のため，実習実施機関が負担するものである。

- 社会保険料及び労働保険料
- 健康診断
- 福利厚生
- 教育訓練（技能実習2号への移行する技能検定費用等）
- 日本語教育（監理団体が実施する講習以外）
- 労働安全衛生法に基づく免許取得及び講習等の受講

❸ 監理費等（送出し管理費）

　監理費等の2つ目「送出し管理費」は，外国の送出し機関が技能実習生の送出し業務その他関連する業務に従事する経費をいう。

　送出し管理費を負担する機関，具体的な金額等については，関係機関が協議のうえ決定するものであり，送出し管理費の支払は，技能実習事業に係る協定を送出し機関と締結している監理団体が行う。

図表10-5：送出し管理費と留意事項

主な「送出し管理費」	留意事項
派遣前健康診断に要する費用	—
日本語学習等，事前講習に要する費用	本邦外において監理団体が実施する講習費用は受入れ監理費に該当（外国の機関に委託して実施する講習を含む）
監理団体及び実習実施機関との連絡・協議に要する費用	職業紹介に係る費用を除く
技能実習生を派遣する企業との連絡・調整に要する費用	職業紹介に係る費用を除く
送出し機関が本邦に職員を派遣するなどして行う技能実習生に対する相談・支援等の補助に要する費用	本邦入国後の技能実習生に対する相談・支援，生活指導は，監理団体及び実習実施機関が担うべきものであり，送出し機関はあくまでも補助的
技能実習生に事故があった場合の対応に要する費用	—
技能実習生の送出し業務を実施するために必要な人件費，事務所経費等の管理的な費用	—

4 監理費等（送出しに要する諸経費）

3つ目の監理費等の「送出しに要する諸経費」は，送出し管理費とは別に渡日を予定する技能実習生に個別に発生する実費的経費をいう。

これら送出しに要する諸経費は，本邦に渡航を予定する技能実習生個人の実費的費用であり，技能実習生が負担することも考えられるが，これらの費用を技能実習生以外の者が負担する場合には，監理団体及び送出し機関が協議し，負担者，負担割合を決定する。

図表10－6：送出しに要する諸経費と留意事項

主な「送出しに要する諸経費」	留意事項
旅券及び査証手数料	―
派遣前及び帰国後の国内移動費	―
歯科診断費用	来日前に送出し機関で実施される健康診断費用については，技能実習生が負担することも考えられる（雇入れ時健康診断に係る費用に該当するものを除く）

●著者紹介

株式会社ACROSEED(アクロシード)

日本における外国人の法務サービスに特化したコンサルタント会社。
　行政書士法人,社会保険労務士法人,税理士法人を併設し,お客様のご要望にワンストップで対応。
　バイリンガルスタッフによる英語,中国語,韓国語での業務対応も可能。

【サービス】

●法人向けサービス
　(1) 外国人社員の採用・労務管理
　(2) 外国人社員の研修サポート
　(3) 外国企業の日本進出サポート
　(4) 外国人技能実習制度の法務サポート

●個人向けサービス
　(1) 外国人との結婚サポート
　(2) 外国人のビザ申請
　(3) 外国人の起業・会社設立
　(4) 外国人の離婚・死別・相続サポート

【著　書】
『全訂　よくわかる入管手続　基礎知識・申請実務と相談事例』(日本加除出版)
『外国人のための雇用・受入れ手続マニュアル』　(日本加除出版)
『外国人のための国際結婚手続マニュアル』　　　(日本加除出版)
『外国人のための起業・会社設立支援マニュアル』(日本加除出版)
『こんなにおもしろい行政書士の仕事』　　　　　(中央経済社)
『外国人雇用マニュアル』　　　　　　　　　　　(すばる舎リンケージ)　その他

【原稿提供】
「労政時報」,「労務事情」,「企業実務」,「月刊総務」,「労働新聞」　その他

【連絡先】
株式会社ACROSEED
東京都千代田区平河町2-6-1　平河町ビル8階
URL：http://www.acroseed.co.jp　　TEL：03-6905-6370(代表番号)

佐野　　誠（さの　まこと）
（株式会社ACROSEED　代表取締役
　行政書士法人ACROSEED　代表社員・行政書士）

主な著書：『全訂　よくわかる入管手続　基礎知識・申請実務と相談事例』（日本加除出版）
　　　　　『外国人のための雇用・受入れ手続マニュアル』（日本加除出版）
　　　　　『外国人のための国際結婚手続マニュアル』（日本加除出版）
　　　　　『外国人のための起業・会社設立支援マニュアル』（日本加除出版）
　　　　　『こんなにおもしろい行政書士の仕事』（中央経済社）
　　　　　『外国人雇用マニュアル』（すばる舎リンケージ）　など

秋山　周二（あきやま　しゅうじ）
（社会保険労務士法人ACROSEED　代表社員・特定社会保険労務士，行政書士）

主な著書：『外国人のための雇用・受入れ手続マニュアル』（日本加除出版）
　　　　　『外国人雇用マニュアル』（すばる舎リンケージ）　など

　外国人の労務管理に精通し，企業の外国人雇用管理コンサルティングを専門に扱う。採用した外国人従業員が企業に定着し業績に貢献するための評価制度，社内環境の整備に定評がある。

外国人研修・技能実習生支援マニュアル
定価:本体2,200円(税別)

平成25年5月31日　初版発行				
著　者	佐　野			誠
	秋　山	周		二
発行者	尾　中	哲		夫

発行所　日本加除出版株式会社

本　　社　郵便番号 171-8516
　　　　　東京都豊島区南長崎3丁目16番6号
　　　　　　　　TEL (03)3953-5757 (代表)
　　　　　　　　　　(03)3952-5759 (編集)
　　　　　　　　FAX (03)3951-8911
　　　　　　　　URL http://www.kajo.co.jp/

営業部　　郵便番号 171-8516
　　　　　東京都豊島区南長崎3丁目16番6号
　　　　　　　　TEL (03)3953-5642
　　　　　　　　FAX (03)3953-2061

組版・印刷 ㈱郁文 ／ 製本 牧製本印刷㈱

落丁本・乱丁本は本社でお取替えいたします。
© M. SANO, S. AKIYAMA 2013
Printed in Japan
ISBN978-4-8178-4080-6 C2032 ¥2200E

JCOPY 〈㈳出版者著作権管理機構 委託出版物〉
本書を無断で複写複製(電子化を含む)することは、著作権法上の例外を除き、禁じられています。複写される場合は、そのつど事前に㈳出版者著作権管理機構(JCOPY)の許諾を得てください。
また本書を代行業者等の第三者に依頼してスキャンやデジタル化することは、たとえ個人や家庭内での利用であっても一切認められておりません。

〈JCOPY〉 HP：http://www.jcopy.or.jp/, e-mail：info@jcopy.or.jp
電話：03-3513-6969, FAX：03-3513-6979

外国人の雇用を成功に導くための秘訣が、この一冊で全てわかる。

外国人のための
雇用・受入れ手続マニュアル

佐野誠・宮川真史・秋山周二　著

A5判　228頁　定価2,205円(税込)　2011年10月刊

商品番号：40439
略　　号：外雇

- 不法就労させないための具体的手続、諸制度について網羅。
- 図表や各種フローチャート等を掲げて、わかりやすく解説。

婚姻・在留手続を中心に、国際結婚をわかりやすく解説。

外国人のための
国際結婚手続マニュアル

佐野誠・宮川真史　著

A5判　316頁　定価2,940円(税込)　2011年3月刊

商品番号：40420
略　　号：国際結婚

- 日本人と外国人の結婚、外国人同士の結婚、結婚後の手続等、様々な問題をケース別に解説。
- 事例の多い中国や韓国、フィリピンについては、国別の留意事項を詳細に解説。
- 国際結婚にまつわる、わかりやすいQ&Aを収録。

外国人による日本での起業、会社設立、設立後の諸手続、在留資格の取得、会社運営などを解説。

外国人のための
起業・会社設立支援マニュアル

佐野誠　著

A5判　304頁　定価2,415円(税込)　2010年2月刊

商品番号：40392
略　　号：外援

- 日本で起業・会社設立を目指す外国人から相談を受ける実務家に対し、会社設立から投資経営ビザ申請の手続、会社運営までを一貫してサポート。
- 各種届書、申請書のサンプル及び記載例等を豊富に掲載。

日本加除出版

〒171-8516　東京都豊島区南長崎3丁目16番6号
営業部　TEL(03)3953-5642　FAX(03)3953-2061
http://www.kajo.co.jp/